TIRAR A FRALDA SEM CHORO E SEM TRAUMA

GROUND

livros para uma nova consciência

PENNY WARNER, M.A.
PAULA KELLY, M.D.

TIRAR A FRALDA SEM CHORO E SEM TRAUMA

São Paulo/2008

EDITORA GROUND

Título original: Toilet Training Without Tears or Trauma
by Meadowbrook Press

Tradução: Silvia Sarzana
Ilustrações: Susan Spellman
Revisão: Antonieta Canelas
Editoração: Fama Produções Gráficas
Capa: Diego Fioroto

CIP-BRASIL. CATALOGAÇÃO-NA-FONTE
SINDICATO NACIONAL DOS EDITORES DE LIVROS, RJ

W247t

Warner, Penny
Tirar a fralda sem choro e sem trauma / Penny Warner, Paula Kelly ; [tradução Silvia Branco Sarzana]. – São Paulo : Ground, 2008.
il.

Tradução de: Toilet training without tears or trauma
Inclui bibliografia
ISBN 978-85-7187-211-0

1. Crianças – Treinamento higiênico. I. Kelly, Paula, 1949-. II. Título.

08-1746. CDD: 649.62
CDU: 649.1
07.05.08 07.05.08 006488

Editora Ground Ltda.
Rua Hélade, 125 G – Jd. brasil
Cep: 04634-000 - São Paulo / SP
Tels.:(11)5031-1500 / (11)3571-4655
vendas@ground.com.br
www.ground.com.br

Para nossos filhos Matt, Rebecca,

Charley, Caitlin e Kelly

Agradecimentos

Agradecemos muito aos pais que contribuíram com seu conhecimento e "dicas" para este livro: Debbie Alegria, Gay Carter, Betty Clark, Kristy Dal Porto, Melanie Ellington, Kathleen Flanagan, Lanneau Grant, Becky Grewah, Kristin Grey, Manon Johson, Suzanne Knoll, Holly Kralj, David Krumboltz, Rena Leith, Julie Long, Tamara Mader, Dana Mentick, Tracy Oliver, Esther Ong-Skerratt, Constance Pike, Gail Pike, Chris Saunders, Melissa Scheid, Meena Sheikh, Kelly Spruiell, Barbara Swec, Mia Thiele, Kay Van Houten, Mary Warner, Chloe Webster, Simonie Webster e Susan Westerlind. E um agradecimento especial a nosso editor, Joseph Gredler.

Sumário

Introdução

Parece que foi ontem que a sua criança era um bebê recém-nascido, indefeso e completamente dependente de você. Passou a maior parte de seus primeiros dias mamando, dormindo, chorando e sujando as fraldas. O tempo voa, não é? Como pai ou mãe, você experimentou muitas etapas excitantes desde o seu nascimento: a primeira vez que ele o olhou, a primeira vez que mamou, seu primeiro sorriso, a primeira palavra, o primeiro passo.

Agora, seu bebê já é uma criança – anda, fala, ri, brinca, come, bebe, e dá sinais de maior autonomia a cada dia. São todos estágios importantes no crescimento e desenvolvimento da criança. A passagem do uso das fraldas para o uso do banheiro é um dos marcos principais da vida dela e um grande passo para todos os envolvidos.

Como pediatra e educadora, nossos conhecimentos profissionais complementares ajudaram-nos a desenvolver um método simples e fácil de ser seguido para orientar você ao longo de todo o processo de treinamento. Confiamos poder ajudá-lo a desfrutar de uma experiência de treinamento bem sucedida e livre de estresse. Acreditamos que, se você encarar este treinamento positivamente, o resultado será compensador.

Em termos de desenvolvimento, a fase em que as crianças se encontram mais preparadas para assumir o controle de suas funções corporais é entre os 22 e os 36 meses. Nesta fase enfatizamos uma abordagem de equipe, na qual a criança assume o controle do processo e você a auxilia, orientando e estimulando. Vamos lhe mostrar como técnicas criativas, como uma brincadeira com boneco ou ursinho, podem melhorar o processo de treinamento, criando oportunidades adicionais para que a sua criança aprenda habilidades novas e importantes, tornando tudo realmente divertido.

No Capítulo 1, discutimos a história desse treinamento e como as atitudes foram mudando ao longo dos anos. Depois, apresentamos estudos recentes sobre as atitudes dos pais e o que realmente funciona para estes. No Capítulo 2, explicamos os "sim's" e os "não's" do treino, e como vamos ajudá-lo a identificar seus preconceitos sobre o processo. Abordamos ainda o desenvolvimento da criança, tipos de temperamento e a linguagem recomendada durante o treinamento. No Capítulo 3, focalizamos os sinais de prontidão que a criança deve exibir antes de começar o treino e discutimos os sinais indicadores de que ela não está pronta.

O Capítulo 4 é dedicado ao equipamento necessário, incluindo as cadeirinhas-penico, adaptadores de assento, calças de treinamento e outros acessórios. No Capítulo 5, fornecemos dicas e conselhos sobre como preparar e planejar uma experiência positiva. No Capítulo 6, iniciamos a descrição do processo com instruções simples. Encorajamos o uso de muitos elogios, o que serve como modelo e o teatrinho de bonecos. No Capítulo 7, explicamos como a repetição e a prática podem ser divertidos e caminhar na direção certa. No Capítulo 8, vamos ajudá-lo a resolver possíveis problemas, tais como acidentes, choro, lutas de poder e incontinência urinária noturna, e damos dicas de como manter seu filho seco durante a noite inteira.

Ao longo do livro você encontrará dicas úteis e experiências de pais que foram bem sucedidos na administração do processo de treinamento com seus próprios filhos. Encontrará também as respostas da Dra. Kelly para as perguntas mais freqüentes sobre o treino.

CAPÍTULO I

Perspectivas Históricas

O TREINAMENTO AO LONGO DAS DÉCADAS

No passado, o treino para o uso do banheiro era freqüentemente ansioso e até mesmo assustador para os pais. Na década de 1920, os especialistas acreditavam que as crianças deviam ser condicionadas a usar o vaso sanitário. Os pais eram encorajados a iniciar o treinamento desde os primeiros meses, porque se acreditava que o comportamento da criança poderia ser imposto pela vontade dos pais e por técnicas de modificação de comportamento. Esta abordagem rígida e exaustiva, que deixava de considerar o ponto de vista da criança, freqüentemente resultava em um período de treino muito maior do que o necessário.

Nos anos 30, esse treinamento iniciado nos primeiros meses continuou a ser norma; os pais tentavam controlar o processo de eliminação dos filhos, em vez de deixarem a criança ser o guia.

Os pais seguiam as recomendações dos especialistas porque acreditavam que o treino precoce significava não terem de continuar a lavar todas aquelas fraldas, o que, na época, era feito manualmente já que não havia fraldas descartáveis...

Nos anos 40, médicos e psicólogos começaram a temer que o treino precoce pudesse levar a problemas físicos e emocionais em fases posteriores da vida da criança. Permitiu-se aos pais esperar até que a criança tivesse pelo menos 9 meses de idade para o início do treino.

Nos anos 50, os médicos passaram a aconselhar os pais a esperar que as habilidades físicas da criança estivessem mais desenvolvidas, o que geralmente acontecia depois do primeiro ano.

Nos anos 60, psicólogos, médicos e outros pesquisadores do desenvolvimento infantil começaram a compreender a importância do reconhecimento do nível de prontidão da criança. Os pediatras passaram a encorajar os pais a esperar que seus filhos mostrassem sinais de prontidão, o que geralmente acontecia entre 18 e 24 meses.

Pressões Sociais

Além das opiniões dos especialistas, fatores sociais tiveram seu papel na pressão sobre os pais para iniciarem o treino antes que a criança estivesse pronta para isso. Muitos pais não conseguiam evitar as comparações entre seus filhos e outras crianças. Ficavam desapontados quando estes não conseguiam fazer coisas tão precocemente quanto outras crianças, esquecendo que criar uma criança não é uma competição, muito embora, às vezes, possa parecer assim.

Alguns pais encaravam as habilidades dos filhos como um reflexo de suas habilidades como pais. Se o filho não conseguia se igualar a outras crianças da mesma idade, consideravam-se fracassados. Muitos desses temores e inquietações continuam a preocupar os pais até hoje.

Muitos, atualmente sentem-se pressionados a iniciar o treino prematuramente para obedecer às exigências de admissão na pré-escola. Muitas escolas não aceitam crianças que não sabem usar o banheiro, embora a criança possa estar pronta para a escola em muitos outros aspectos. O treinamento apressado entretanto pode ocasionar acidentes freqüentes e causar embaraços e regressão.

DICA RÁPIDA

Não pressione demais o seu filho. Lembro-me de passar incontáveis minutos no banheiro, dizendo: "Hora de ir para o trono!", enquanto fazia meu filho sentar-se no vaso sanitário. Certa vez ele me disse: "Não! Quero fazer outra coisa!" Depois de idas e vindas por vários minutos, finalmente desisti e coloquei-o dentro da banheira. Passados alguns minutos, ele saiu dela e foi para o vaso sanitário sozinho e até deu a descarga depois.

— Esther S.

NO SÉCULO 21: UMA MULTIDÃO DE MÉTODOS

Nos anos 70, muitas mães começaram a trabalhar fora de casa e a atitude em relação a esse treino foi relaxando cada vez mais. Muitos livros recomendavam esperar até um pouco antes do segundo aniversário da criança ou mesmo mais tarde. Porém, cada livro oferecia um método diferente de treinamento sem levar em consideração as circunstâncias únicas da criança ou as diferenças individuais.

Método das Vinte e Quatro Horas

Esta abordagem moderna faz uma grande promessa: treinar o seu filho em um único dia. Todavia, a maioria dos pais que tentaram este método sabe que é quase impossível treinar uma criança nesse período. Crianças pequenas apresentam curtos períodos de atenção e precisam de muito tempo e repetição para desenvolver suas habilidades. Um método tão rápido cria tensão desnecessária e geralmente termina em fracasso.

Método da Múltipla Escolha

Outros métodos oferecem aos pais várias abordagens de treinamento: "Abordagem da Prontidão", "Abordagem Precoce", "Abordagem Rápida" e "Abordagem Intensa" e acabam confundindo os pais sobre o que é melhor para seus filhos.

Método do Livro de Gravuras

Vários livros de gravuras estão disponíveis para ajudar seu filho a aprender a usar o banheiro. São ótimos porque despertam a atenção da criança, mas a maioria oferece pouca informação e conselhos para os pais.

DICA RÁPIDA

Quando decidi que já era hora de treinar meu filho para usar o banheiro, tentei um método após outro. Nada funcionava. Fiquei realmente frustrada. A primeira coisa que aprendi depois que uma amiga me falou do método de treinamento sem estresse, foi que meu filho ainda não estava pronto. Assim, coloquei tudo de lado e esperei que ele mostrasse sinais reais de querer usar o banheiro. Quando finalmente o fez, tudo se ajustou. Quanta diferença!

— Connie P.

OS ÚLTIMOS ESTUDOS

O Dr. T. Barry Brazelton acredita que o treinamento precoce não é nada mais do que antecipar uma liberação reflexiva da urina ou fezes no momento certo. Segundo ele, é melhor deixar este treinamento para o final do segundo ou início do terceiro ano de vida, quando a criança pode consistentemente identificar os sinais de uma bexiga cheia e ter condições de esperar até chegar ao banheiro antes de permitir que os músculos relaxem.

Crianças de dois anos de idade também estão cognitiva, psicológica, social e emocionalmente mais preparadas para o treinamento. Pesquisas indicam que pais que iniciam o treino no segundo ano de vida geralmente obtêm sucesso em quatro meses.[1] As estatísticas também mostram que 90% da crianças entre 24 e 30 meses aprende a controlar a vontade de ir ao banheiro e 80% das crianças entre 30 e 40 meses alcança o controle noturno.

Como já mencionamos, começar o treino muito cedo freqüentemente prolonga o processo e o torna mais cansativo. As estatísticas mostram que 50% das crianças que começa a ser treinada aos 18 meses ou antes não alcança um controle confiável até os 36 meses ou mais tarde ainda.[2] O treino precoce também pode causar problemas a longo prazo, como prisão de ventre, incontinência noturna e culpa. Além disso, forçar uma criança que ainda não está preparada pode resultar em lutas de poder desnecessárias. A criança pode se tornar frustrada, zangada e ressentida, causando maiores recaídas no processo.

Em um estudo abrangente sobre o treinamento para o uso do banheiro, apresentado no Encontro Anual da Sociedade Acadê-

---

1 T. McAuliffe, *First of a Kind Study Leads to Better Understanding of "Toilet Training Process"*, apresentado no Encontro Anual da Sociedade Acadêmica Pediátrica por Timothy R. Schum. M.D., Medical College of Wisconsin, 1999.

2 *Idem.*

mica Pediátrica, especialistas identificaram três fases importantes no processo de treinamento:[3]

1. Reconhecer quando a criança está pronta para o treino.
2. Trocar as fraldas por calças descartáveis ou calças de treinamento.
3. Treinar a criança usando técnicas comprovadas.

No estudo foram entrevistados pais de 267 crianças entre 15-42 meses de idade sobre uma série de questões relativas ao uso do banheiro. Os resultados apontaram que a maioria dos pais começou o treinamento quando seus filhos mostraram sinais de prontidão, tais como permanecerem secos durante uma cochilada, interessarem-se pelo banheiro e seguirem instruções simples. Os pais usaram freqüentemente reforço positivo, elogios e lembretes durante o processo. Também deixaram a cadeirinha-penico em local acessível. Além disso, a maioria dos pais empregou um tom firme, mas amigável, para encorajar a criança a ser "gente grande".

Embora o estudo tenha relatado uma variação considerável na duração do treino, a maioria das crianças (64%) situou-se no grupo lento ou intermediário, significando que o treino foi mais longo do que o tempo médio. A duração média de treinamento ia de oito a dez meses, incluindo inícios e paradas.

Houve pequenas diferenças entre meninos e meninas. Em média, as meninas alcançaram o sucesso antes dos meninos: elas, antes dos três anos, eles aos três anos e três meses. Segundo o estudo, fatores tais como creches, pais que trabalham fora, número de irmãos, ou estado conjugal, não afetaram a velocidade do treinamento.

De acordo com um outro estudo, 4% das crianças foi treinada aos dois anos, 60% aos três e apenas 2% aos quatro anos.[4] Isso

---

[3] *Idem.*

[4] N. Blum, B. Taubman & M. Osborne, *Pediatrics*, 99:54-8, 1997.

indica que a maioria das crianças aprendeu a usar o banheiro entre os dois e os três anos de idade.

DICA RÁPIDA

Quando meu filho passou dos três anos ainda usava fraldas, e comecei a ficar preocupada, achando que ele nunca usaria o banheiro. Todos os seus amiguinhos já usavam calças e iam ao banheiro regularmente, mas meu filho simplesmente parecia não se importar. Finalmente li um artigo que dizia que muitas crianças ainda usavam fraldas aos três anos — e que era normal! Isso fez com que eu me sentisse muito melhor. Acho que ele começou a mostrar mais interesse pelo banheiro quando eu comecei a relaxar.

— Melanie E.

COMO OS PAIS DE HOJE VÊEM O TREINO?

Um estudo recente sobre a atitude dos pais em relação ao treinamento para o uso do banheiro revela as mudanças ocorridas ao longo das décadas.[5] Também nos fala muito sobre o que os pais pensam e sentem a respeito do processo.

Como os pais de hoje podem ser comparados a seus próprios pais, quando se trata do treinamento?

A maioria dos pais (60%) usa as mesmas técnicas ou técnicas semelhantes às que seus pais empregaram com eles, enquanto 40% difere substancialmente em suas visões relativas ao treino.

---

[5] *Idem.*

Quando a maioria dos pais começou a treinar seus filhos?

Aproximadamente metade dos pais começou o treinamento quando seus filhos mostraram sinais de prontidão. Cerca de um quarto começou quando seu filho estava em determinada idade. Menos de 5% usou fatores tais como término do prazo para inscrição na pré-escola, a chegada de novos bebês ou o surgimento da pressão para iniciar o treinamento.

Qual a idade mais comum para o início do treino?

31% dos pais iniciou o treinamento quando a criança tinha entre 18 e 22 meses de idade; 27% começou entre 23 e 27 meses; 16% entre 28 e 32 meses; 22% quando a criança tinha 32 meses de idade ou mais.

Qual é o sinal mais comum de prontidão?

28% dos pais disse que o interesse da criança pelo banheiro fez o processo começar; 25% relatou que foi a aversão da criança por se sentir molhada; 19% contou que o processo foi iniciado com palavras pela própria criança, por sua linguagem corporal ou expressões faciais; 18% disse que o desejo da criança de usar roupas de crianças maiores foi o fator motivante.

Quem iniciou o treinamento?

Mais de metade dos pais relatou que iniciou o processo junto com a criança. Apenas 14% dos pais começaram sozinhos, enquanto 28% disse que foi a própria criança que iniciou.

Qual é o sinal mais comum de compromisso com o treinamento?

Para a maioria dos pais (46%), comprar e tentar o uso de cadeirinha-penico foi o primeiro sinal oficial de que seu filho estava comprometido com o treino. 28% disse que foi quando seu filho vestiu pela primeira vez as roupas de transição. Cerca de 10% disse que ler para a criança um livro com desenhos sobre o treino marcou o compromisso.

Que tipo de vaso sanitário as crianças preferem?

36% das crianças preferiu o vaso sanitário de tamanho infantil; 26% o sanitário padrão; 24% o adaptador de assento e o restante preferiu alguma combinação. A maior parte das crianças gostava de suas cadeirinhas-penico decoradas com adesivos.

Quais as palavras mais comumente usadas no treinamento?

Para urinar quase metade das crianças usava *xixi*; 22% *vou ao banheiro*; 18% apenas *xi* e 4% gostava de *tinir*. Para defecar, cerca de um terço usava *cocô*, enquanto outro terço *popô*. *Caca* era o preferido de menos de 10%, enquanto o restante usava suas próprias palavras especiais.

Quais os melhores prêmios?

Metade dos pais usou elogios ao ajudar seus filhos a aprender a usar o banheiro; 15% usou doces; 9% usou privilégios especiais; 7% usou brinquedos; 2% usou dinheiro e o restante fez uso de outras premiações.

Quais são os temores mais comuns das crianças a respeito do treinamento?

O medo do vaso sanitário é bem real para as crianças. 35% tinha medo de cair dentro do vaso; 14% não gostava da idéia de deixar coisas saírem de seus corpos e 6% tinha medo da descarga. O restante apresentou uma variedade de outros temores.

Quais as diferenças entre meninos e meninas?

75% dos pais achou que as meninas são mais fáceis de treinar, enquanto os restantes 25% acharam que era mais fácil treinar os meninos. Como sempre, o debate entre sentar e permanecer de pé foi dividido. Pouco mais de 50% dos meninos preferiu sentar, enquanto pouco menos da metade preferiu permanecer de pé. Quase metade das meninas tentou urinar de pé pelo menos uma vez!

Quão freqüentemente as crianças regrediram após o início do treino?

Um quarto das crianças que iniciou o treinamento não retornou às fraldas; 45% retornou às fraldas por um curto período; 17% iniciou o processo pelo menos mais uma vez; 17% duas vezes e 35% iniciou o processo tantas vezes que seus pais pararam de contar! A maioria dos pais (84%) experimentou recaídas no treino, basicamente porque a criança perdia o interesse (cerca de 57%). Mais de metade das crianças teve acidentes deliberados durante o processo.

Quais os maiores problemas do treinamento?

31% dos pais relatou que viajar foi a ruptura maior no treinamento; 26% que o período noturno era o problema maior;

26% que fazer compras era o grande problema. O restante citou problemas com babás e visitas de amigos durante o dia.

Como os pais se sentem quando seu filho já está finalmente treinado?

45% dos pais sentiu-se orgulhoso pelo fato de seus filhos terem dado um grande passo para a independência; 34% ficou aliviado com o término do processo; 26% teve uma mistura de sentimentos ao constatar que seu filho não era mais um bebê.

DICA RÁPIDA

Para mim, não se tratava de treinar o meu filho, mas de treinar a mim mesma. Jordan tinha três anos e ainda usava fraldas. Com o primeiro dia da pré-escola se aproximando, tentei várias vezes treiná-lo, mas ele continuava a ter acidentes. Eu estava em pânico. Quando o primeiro dia de pré-escola chegou, me armei de coragem e o enviei para a escola usando apenas cuequinhas sob as calças. Daí em diante não houve mais acidentes — mas sempre lembrarei do meu temor daquele primeiro dia.

— Lanneau G.

CAPÍTULO 2

O Início

BOAS RAZÕES PARA SE COMEÇAR O TREINAMENTO

Além do óbvio (sem fraldas, menos bagunça), é bom você examinar seus motivos para querer treinar seu filho a usar o banheiro em um período específico. Eis algumas boas razões para iniciar o treino, uma vez que seu filho esteja pronto para isso.

Independência

Você quer promover a autonomia da criança, de modo que ela se torne uma pessoa independente.

Auto-estima

Você quer que seu filho sinta-se bem consigo mesmo, aumentando sua competência e confiança.

Trabalho de equipe

Você quer que o treinamento seja realizado como um trabalho de equipe, atuando junto com seu filho, de modo a ajudá-lo a atingir este marco significativo.

RAZÕES NÃO TÃO BOAS PARA INICIAR O TREINO

Muitos pais enfrentam verdadeira pressão para iniciar o treino, porém é melhor evitar que tal pressão seja o principal motivo.

Pressão familiar

Não deixe que a família e os amigos pressionem para que este treinamento comece. A decisão deve ser tomada apenas por você e por seu filho.

Admissão na pré-escola

Se sua criança ainda não está pronta para deixar as fraldas, a pré-escola pode esperar. Por outro lado, se você acha que seu filho está pronto e gostaria de colocá-lo na pré-escola, um pouco de encorajamento pode ser tudo o que ele precisa.

A chegada de um outro bebê

Não tente forçar o treinamento porque está esperando outro bebê. Se a criança não estiver pronta, o treino não funcionará. Sabemos que é mais fácil ter apenas uma criança usando fraldas em casa, mas no final você vai conseguir. Além disso, crianças que não estão totalmente treinadas na época da chegada de um novo bebê, freqüentemente retornam às fraldas. Seja paciente.

Ser um superpai (ou supermãe)

A capacidade de seu filho para usar o banheiro não é um reflexo de suas habilidades como pai (ou mãe). É uma questão de prontidão da criança.

Despesas com fraldas

Todo pai amaria eliminar as fraldas de sua lista de compras. Porém, se seu filho não estiver pronto, o processo se prolongará, assim como suas despesas.

TÉCNICAS QUE NÃO FUNCIONAM

Algumas técnicas não são apenas ineficazes; são potencialmente prejudiciais à auto-estima e à psique da criança.

Forçar

Tentar obrigar seu filho a usar o banheiro quando ele não está pronto para isso leva apenas à luta de poder, ao choro e à raiva. Pode até causar problemas físicos, como a prisão de ventre.

Vergonha

Crianças que têm vergonha de usar o banheiro podem apresentar, posteriormente, problemas relacionados a isso, para não mencionar culpa, comportamento anti-social e baixa auto-estima. Evite dar apelidos à criança, usar termos negativos ou gozadores, ou dizer que ela é feia se não usar o banheiro.

Punições físicas

As punições físicas podem parecer mudar o comportamento de uma criança a curto prazo, mas os efeitos são geralmente temporários. Além disso, a palmada pode causar baixa auto-estima e regressão. É preferível usar reforço positivo, como elogios e premiações.

Sentar por longos períodos de tempo

Fazer seu filho ficar sentado no peniquinho por longos períodos de tempo pode levá-lo a evitar o uso do mesmo. Ele pode ficar aborrecido, inquieto, mal-humorado e não cooperativo, e até molhar a roupa antes mesmo de você ter a chance de levá-lo ao banheiro da próxima vez.

Água corrente

O som de água correndo é uma técnica psicológica que pode funcionar com adultos como uma resposta treinada, mas não costuma funcionar com crianças pequenas.

DICA RÁPIDA

Não force sua criança a usar o banheiro precocemente. Nossa filha de três anos nos mostrou quando estava pronta para isso e tivemos muito poucos acidentes ou regressões. Compramos um vaso sanitário infantil, explicamos a ela o que era e esperamos que ela quisesse usá-lo. As crianças têm um forte desejo de ser iguais à mamãe e ao papai.

— Kristin G.

A PERSPECTIVA DOS PAIS: EXPLORANDO OS SEUS PRECONCEITOS

O modo como você foi treinado para usar o banheiro pode influenciar sua atitude em relação ao processo. Quaisquer problemas que você teve (ou ainda tem), podem influenciar suas expectativas. Por exemplo: você pode esperar treinar seu filho em questão de horas porque sua mãe sempre disse que você foi treinado em um curto período. Pode achar que, uma vez que sua criança já usou com sucesso o banheiro, ela não retornará às fraldas. Também pode pensar que esse treino é uma questão de atitude (mais do que prontidão física, cognitiva e psicológica) e ficar se perguntando porque a criança não coopera.

Trauma

Se você teve uma experiência ruim durante o seu próprio treinamento, como ficar envergonhado, ter sido punido ou ridicularizado, pode ficar um pouco ansioso em relação ao processo. Converse com o médico ou algum outro profissional treinado sobre a forma de administrar esta sua ansiedade.

Embaraço

Se você se sente desconfortável ou embaraçado quando pensa nas funções corporais, ou se não gosta de falar sobre elas, pode ter de lutar contra isso ao lidar com o treino de seu filho. Procure palavras que lhe sejam agradáveis para usar durante o processo (ver página 35).

Ansiedade

Se está preocupado ou assustado sobre como começar ou o que fazer, precisa identificar tais preocupações. Se tentar apressar o processo, se se tornar tenso e ansioso durante o treino, ou perder a calma e se tornar impaciente, pode acabar prolongando o período.

Acidentes

Se não consegue aceitar o fato de que acidentes acontecerão enquanto sua criança está sendo treinada a controlar seus esfíncteres, criará uma tensão desnecessária e possivelmente impedirá o processo. Experimente relaxar e leve os acidentes na brincadeira. (Ver página 93.)

Paciência

O treinamento leva tempo, precisa de repetição, reforço positivo e paciência; se não tiver consciência disso provavelmente vai experimentar frustração e fracasso.

Punição

Se acha que seu filho precisa ser punido para aprender uma nova habilidade, certamente terá problemas. Mas se, pelo contrário, vê o processo como uma oportunidade de ensino, provavelmente irá achá-lo excitante, recompensador e divertido. Isso não significa ficar extremamente relaxado e permissivo durante o treino — a criança precisa de orientação. Use suas habilidades didáticas.

DICA RÁPIDA

Quando eu era criança, lembro-me de ficar sentada no peniquinho por um tempo que me pareciam horas, tentando fazer xixi e isso nunca acontecia — eu só fazia quando estava FORA dele, naturalmente. Isso deixava a minha mãe louca. Usei fraldas até aos quatro anos, principalmente porque passei a odiar o peniquinho, onde tinha de ficar sentada com toda aquela pressão. Prometi a mim mesma que, com meus filhos, tornaria o processo positivo mesmo que levasse muito tempo.

— Chloe W.

COMPREENDENDO O DESENVOLVIMENTO DA CRIANÇA

Uma parte importante do processo de treinamento é a compreensão do ponto de vista da criança, do seu nível de desenvolvimento e estilo de aprendizagem. As crianças desenvolvem-se de modos e em taxas diferentes. Algumas aprendem rapidamente; outras levam mais tempo. Seu filho precisa aprender no seu próprio ritmo, não deve ser apressado. Aprender a usar o banheiro é um rito de passagem que ajuda a criança a se sentir independente. Dá-lhe poder e controle sobre o seu corpo e a ajuda a dar um passo na direção da autonomia individual.

Os pais também devem saber que as crianças freqüentemente ficam fascinadas com suas funções orgânicas, especialmente com os atos de urinar e defecar. Uma criança pode ver suas fezes como parte de seu corpo e ficar assustada quando essa parte "some" com a descarga, mas a maioria das crianças se interessa por partes de seu corpo e fica curiosa a respeito de suas funções. Os pais precisam tirar vantagem desta curiosidade natural ao treinar a criança a usar o banheiro.

A maioria das crianças acha o vaso sanitário fascinante, geralmente de maneira positiva. Algumas porém têm medo dele e se perguntam para onde tudo aquilo vai, quando a descarga é acionada e tudo desaparece. Seu filho pode ver o vaso sanitário como um monstro assustador, um objeto estranho, um recipiente curioso, um brinquedo excitante ou até algo bem aborrecido. Algumas crianças fazem coisas desaparecer dentro do vaso numa tentativa de compreender como ele funciona. Outras sentem-se atraídas toda vez que vêm um novo vaso sanitário e chegam mesmo a fazer uma "marcação de território" para lhes dar uma sensação de controle. Os pais precisam trabalhar junto com seu filho, explicando-lhe claramente, em termos simples, para que serve o vaso sanitário.

TIPOS DE TEMPERAMENTO

O temperamento da criança também tem um papel importante no modo como ela aprende a usar o banheiro. 40% das crianças são consideradas "fáceis", flexíveis, não se perturbam facilmente com ruídos e outras interrupções e geralmente têm disposição agradável. 15% são "de aquecimento lento". Podem ter problemas de adaptação a novas situações, levam tempo para se ajustar e caminham em seu próprio ritmo. 10% são consideradas "desafiadoras"; têm hábitos irregulares, demonstram emoções intensas e perturbam-se facilmente com ruídos e outras interrupções. As restantes apresentam uma mistura desses temperamentos.

Estas formas básicas de temperamento podem afetar a velocidade e o sucesso do treinamento para o uso do banheiro.[6]

Nível de atividade

Algumas crianças são ativas o tempo todo, enquanto outras não. Crianças ativas geralmente apresentam maior dificuldade para se focalizar no treinamento porque estão sempre ocupadas. Crianças menos ativas geralmente se adaptam mais rapidamente. Se sua criança é ativa, ajude-a a focalizar-se na tarefa sem permitir distrações externas.

Ritmo

Algumas crianças apresentam ciclos regulares de atividade (comer, dormir e evacuar), enquanto outras são menos previsíveis. Se seu filho tem hábitos regulares, provavelmente será mais fácil treiná-lo. Crianças menos previsíveis necessitam de um trabalho

[6] A. Thomas & S. Chess, *Temperament and Development: New York Longitudinal Study*, New York: Brunner/Mazel, 1984.

mais habilidoso, de modo que você pode ter de se ajustar aos parâmetros dela em vez de fazê-la seguir os seus.

Abordagem e retraimento

Algumas crianças adoram novas experiências, enquanto outras se retraem. Se sua criança gosta de coisas novas, provavelmente vai se ajustar rapidamente ao uso do banheiro. Se tende a se retrair diante de novas situações, vai precisar de mais encorajamento.

Adaptabilidade

Algumas crianças ajustam-se prontamente às mudanças em sua rotina, enquanto outras ficam infelizes. Se seu filho se adapta bem, provavelmente será mais fácil treiná-lo. Se não, precisará de mais orientação, encorajamento e flexibilidade.

Intensidade de reação

Algumas crianças expressam seus sentimentos abertamente ao experimentarem uma emoção. Já outras tendem a ser mais reservadas. Se seu filho comunica na hora o que está sentindo, talvez precise de alguma suavidade e orientação para aprender a lidar com as próprias emoções. Se é cauteloso, pode precisar de auxílio para expressar-se livremente.

Limiar de responsividade

Alguns sentidos são mais sensíveis do que outros nas crianças. Umas podem assustar-se com o som da descarga do banheiro, outras são menos afetadas por ruídos inesperados e mais por rupturas sensoriais. Se sua criança parece particularmente sensível, tenha cuidado ao dar descarga. Se não, deixe que ela mesmo o faça e veja como reage.

Qualidade do humor

Algumas crianças parecem constantemente felizes e prontas para abraçar a vida, enquanto outras parecem estar na defensiva e prontas para protestar a qualquer momento. Se a sua é frequentemente feliz, provavelmente gostará de aprender a usar o banheiro. Se for reticente, pode ficar ainda mais relutante.

Distração e períodos de atenção

Algumas crianças distraem-se facilmente; outras são capazes de focalizar a atenção por períodos mais longos de tempo. Se seu filho distrai-se facilmente, pode não estar pronto para focalizar a atenção no treinamento. Para ajudá-lo, minimize as distrações; use uma cadeirinha-penico que mantenha a sua atenção (como aquelas musicais ou decoradas com adesivos) e livrinhos de historinhas sobre o treinamento para que ele fique olhando enquanto está sentado nela. Se ele apresenta bons períodos de atenção será mais capaz de se concentrar na tarefa.

DICA RÁPIDA

Meu filho tinha medo dos vasos sanitários grandes. Ele conseguia lidar com sua cadeirinha porque era do seu tamanho, mas o vaso grande parecia assustá-lo. No início, desenhava o vaso mas não conseguia chegar perto dele. No entanto, desenhá-los, ajudou-o a superar seus medos, e, finalmente, depois de aprender a usá-los, parou de os desenhar.

— Kay V.

A CRIANÇA DEFICIENTE

Se seu filho tem alguma deficiência física, mental ou emocional, o desafio do treinamento pode ser maior, porque além das necessidades individuais, do nível de desenvolvimento e da capacidade de aprender novas tarefas, você terá de levar em conta a incapacidade específica dele — mas a maioria das crianças deficientes consegue ser treinada, embora o processo possa ser mais demorado.

Converse com o médico da criança, o terapeuta ou outro profissional treinado sobre a situação. Eles podem conhecer uma técnica particular útil para crianças com esta incapacidade ou alguma outra semelhante.

Prepare-se para reduzir a velocidade do treino e não se desespere com eventuais recaídas ao longo do caminho. Crianças deficientes podem precisar de auxílio adicional para desenvolver as habilidades necessárias ao treinamento, incluindo habilidades motoras, atenção e motivação.

Talvez seja útil dividir o processo em passos simples. Faça seu filho praticar cada passo várias vezes antes de passar para o nível seguinte. Por exemplo: ele pode praticar abaixar as calças e subi-las de novo. Não se esqueça de elogiá-lo muito e premiá-lo durante todo o processo.

Você pode encontrar cadeirinhas-penico feitas sob medida em lojas de suprimentos médicos. Cadeirinhas especialmente desenhadas possuem barras de apoio, cintos de segurança, descansos de braços, ajustes de altura, conversões para cadeiras de rodas, adaptadores de assento, e outras formas de ajuda.

PALAVRAS-CHAVE

A linguagem usada no treinamento é importante para ajudar a criança a compreender o que está acontecendo e como as coisas são chamadas. Muitos especialistas recomendam o uso de palavras simples em vez do vocabulário de adulto. Para urinar, as escolhas comuns incluem *pi, pipi, xixi.* Para defecar, os termos mais populares são *cocô, caca.* Sinta-se livre para usar outras palavras mais comuns a sua família e amigos.

Alguns pais preferem termos menos diretos, tais como *usar* ou *ir ao banheiro.* Isso algumas vezes é um recurso para evitar embaraços ou desconfortos associados a palavras que se referem às funções fisiológicas. Porém, tal terminologia indireta pode confundir a criança, já que é menos precisa. É melhor usar a linguagem que indica claramente aquilo a que está se referindo.

DICA RÁPIDA

Eu ficava um pouco embaraçada com a terminologia relativa ao uso do banheiro e tenho certeza de que meu filho podia sentir isso. Eu me referia ao "número um" e ao "número dois" para nomear xixi e cocô, mas isso parecia não fazer nenhum sentido para ele. Certo dia, ouvi uma amiga perguntar a seu filho se ele queria fazer xixi ou cocô. Meu filho começou a repetir as palavras sem parar, provavelmente porque eram engraçadas de se dizer. Juntei-me a ele e em pouco tempo estávamos empregando estes termos quando ele tinha de ir ao banheiro. Ainda fico embaraçada quando ele as pronuncia no meio do mercado com toda a força de seus pulmões, mas fico contente por ele saber o que elas significam!

— Barbara S.

PERGUNTAS À DRA. KELLY

Pergunta: Minha sogra insiste em dizer que todos os seus filhos foram treinados aos 12 meses. Ela parece insinuar que somos um fracasso como pais, porque nosso filho de dois anos e meio ainda não foi treinado. Erramos em alguma coisa? Se não erramos, como lidar com este tipo de pressão?

Resposta: O tempo e a memória algumas vezes distorcem os fatos mas talvez seja verdade que os filhos de nossas sogras tenham sido treinados por volta do seu primeiro ano de vida. Não obstante, você pode explicar a ela, tão diplomaticamente quanto possível, que as filosofias desse treinamento mudaram ao longo dos anos e que as recomendações atuais enfatizam esperar que a criança apresente sinais de prontidão para tal. Você pode até mostrar-lhe a informação deste livro, se achar que pode ajudar.

Pergunta: Minha mulher freqüentemente usa palavras tais como *nojento* ou *fedorento* quando cheira ou troca as fraldas de nossa filha. Acho que ouvi em algum lugar que isso não é aconselhável. É verdade?

Resposta: Você está certo, embora o comportamento de sua esposa seja muito comum. Urina e fezes são melhor encaradas como subprodutos normais da alimentação e digestão. Não deveriam ser descritas com palavras ou tons de voz que criam impressões negativas na mente da criança. Tais palavras podem contribuir para o medo da criança usar o vaso sanitário e distanciá-la do processo de treinamento. Dou todo o meu apoio quanto a se evitar o uso dessas palavras. Pergunte a sua esposa se uma linguagem como "É hora de trocar a fralda!" ou "Vamos trocar a fralda!" não faria mais sentido.

Pergunta: Nosso primeiro filho foi terrível para ser treinado. Apesar de minha forte intenção de evitar uma luta de poder, ele a transformou numa verdadeira batalha. Estava com três anos e meio quando finalmente consegui treiná-lo. Nosso segundo filho, porém, ao acordar certa manhã, anunciou seu desejo de ir ao banheiro e desse dia em diante nunca mais usou fraldas. Que delícia! Como duas crianças podem ser tão diferentes?

Resposta: Freqüentemente ouço dizer que crianças diferentes de uma mesma família são treinadas de maneira diferente. Em média, o primogênito tende a ser treinado em idade mais avançada do que a de seus irmãos. Também, meninos são treinados depois das meninas. Acho que muitos pais exercem um controle excessivo sobre seus primogênitos. O processo freqüentemente prolonga-se até que a luta pelo poder seja abandonada. O segundo filho tem também o benefício do modelo representado pela criança mais velha, e geralmente fica excitado por se juntar às fileiras dos já treinados.

Pergunta: Quando levo meu filho ao pediatra costumo preparar perguntas de modo a aproveitar bem aquela hora com o médico. Quando devo levantar a questão sobre esse treinamento?

Resposta: Como você provavelmente percebeu, a freqüência a estas consultas vai diminuindo conforme a criança vai crescendo — exatamente quando os pais mais precisam de conselhos sobre assuntos desse tipo! Isso ocorre porque a programação das consultas baseia-se amplamente no programa de imunização, e não na necessidade de orientação dos pais. Como pediatra, tento iniciar uma conversa com os pais quando a criança tem entre 15 e 18 meses de idade, e certamente quando está entre 21 e 24 meses. No *checkup* de 1 ano, tento mencionar que iremos discutir o treinamento nas próximas consultas. Muito embora a criança possa não estar pronta para esse treino, acho apropriado iniciar uma discussão a respeito, especialmente quanto aos sinais de prontidão. Também converso com os pais nos *checkups* de 3 e de 4 anos, tanto para fornecer sugestões úteis quanto para me certificar de que o treino está indo bem.

CAPÍTULO 3

Sinais de Prontidão

Ao longo dos anos os especialistas foram mudando de opinião a respeito da melhor hora para começar a se treinar uma criança. Assim, como saber quando começar? Quando sua mãe a lembra que ela treinou os filhos dela com um ano? Quando seu filho está prestes a ir para a pré-escola (que exige crianças já treinadas)? Quando percebe que já trocou cinco mil fraldas?

Embora a maioria dos especialistas concorde que tentar treinar uma criança antes dos dois anos não é recomendado, não existe uma idade perfeita para todas as crianças. A maioria apresenta algum sinal de prontidão entre 18 meses e 3 anos, dependendo de seu nível de maturidade. Dada esta ampla faixa, você terá de procurar sinais específicos de que a sua criança está pronta para o treino.

A prontidão depende não apenas da maturidade individual mas também do temperamento e do interesse da criança. Se ela não estiver pronta, tentar forçar o assunto apenas levará a batalhas e rebelião. Se você deixar que ela assuma as rédeas, a experiência provavelmente será positiva.

DICA RÁPIDA

Tínhamos um filho com três anos e meio na pré-escola, e que apresentava todos os sinais de estar pronto para o uso do banheiro. Um dia perguntei-lhe se estava fazendo a "dança do xixi" e ele disse: "Não, estou apenas relaxando". Após alguns minutos da dança ele começou a perceber que tinha de ir ao banheiro. Ele precisava apenas de um lembrete para disparar sua compreensão.

— Manon J.

DEIXE QUE A CRIANÇA SEJA O GUIA

Como ajudar seu filho a tomar as rédeas quando chega o período de treinamento?

Primeiro vem a compreensão

Você pode começar procurando pelos três níveis de compreensão:

1) *Está molhado.* Seu filho tem consciência de que está molhado ou encheu a fralda.
2) *Está se molhando.* Seu filho tem consciência de que está fazendo xixi ou cocô.
3) *Vai se molhar.* Seu filho tem consciência de que está prestes a fazer xixi ou cocô.

De modo geral, quanto mais alto é o nível de compreensão, mais preparada está a criança para iniciar o treino. Uma vez identificado o nível de consciência da criança, o passo seguinte é a procura por sinais mais detalhados de prontidão nas áreas de desenvolvimento físico, cognitivo e psico-social-emocional.

Estágios de desenvolvimento

Há três áreas principais de desenvolvimento: físico, cognitivo e psico-social-emocional. A criança precisa estar pronta nas três áreas para que o treinamento seja bem sucedido. Se seu filho apresenta sinais das habilidades físicas essenciais e o necessário nível de consciência, o treinamento ocorrerá suavemente. Esteja pronto para oferecer orientação, motivação e reforço positivo para que ele alcance este marco importante e mostre-lhe que você tem certeza de que ele chegará lá. Haverá dias em que pensará que ele *nunca* vai estar pronto para o treinamento, mas isso acontecerá na hora certa.

DICA RÁPIDA

Sempre que me sentia desencorajada ao treinar meu filho, lembrava-me do que minha mãe me dizia a respeito do meu próprio treinamento: "Eu achava que você NUNCA ia deixar as fraldas. Você parecia nunca estar pronta para ele ou interessada". Apenas mantenha a perspectiva e relaxe.

— Betty C.

SINAIS FÍSICOS DE PRONTIDÃO

Uma das primeiras maneiras de verificar se a criança está pronta para o treinamento é observar sua habilidade física e o seu comportamento. Apresentamos uma lista das habilidades básicas necessárias a uma experiência bem sucedida.

Habilidades motoras gerais

A criança pode usar braços e pernas para subir e descer do vaso sanitário usando um degrauzinho, ou pode sentar-se confortavelmente em uma cadeirinha-penico.

Padrões de eliminação

Os movimentos intestinais da criança tornaram-se mais regulares e previsíveis e ela permanece seca durante o dia por longos períodos de tempo.

Destreza manual

A criança consegue subir e descer as calças com pouco ou nenhum auxílio.

DICA RÁPIDA

Minha filha tinha um excelente controle motor para a sua idade. Conseguia até realizar tarefas difíceis com as mãos e os dedos, tais como colorir e montar quebra-cabeças. Mas seu controle motor principal era fraco. Ela preferia sentar e brincar a subir nas coisas, correr e pular. Compreendi que precisava de encorajamento para desenvolver suas habilidades no uso dos músculos longos de seu corpo. Assim, começamos a fazê-la vestir e retirar as roupas de suas bonecas, algo que ela fazia bem. Depois, encorajei-a a tentar abaixar suas calças e a subi-las novamente. Depois de várias tentativas ela começou a dominar a tarefa. Isso realmente a ajudou quando chegou a hora de usar o vaso sanitário.

— Gail P.

SINAIS COGNITIVOS DE PRONTIDÃO

Sinais mais sutis de prontidão tornam-se aparentes na maneira como a criança pensa e se comunica.

Consciência sensorial

A criança parece saber quando está urinando ou defecando, ou é sensível ao fato de estar molhada.

Bom período de atenção

A criança pode focalizar a atenção durante vários minutos em uma tarefa.

Capacidade de seguir instruções simples

A criança pode compreender e seguir instruções simples como: "Por favor, abaixe as calças e sente-se no peniquinho."

Comunicação das habilidades

A criança pode lhe dizer, à sua própria maneira, que fez xixi ou cocô ou que quer usar o banheiro. Pode fazer isso usando palavras ("*Quero fazer xixi*") ou pode fazer isso não verbalmente, abaixando as calças ou fazendo algo semelhante.

Compreensão da terminologia

A criança compreende a linguagem usada no treinamento e na descrição das partes de seu corpo.

Compreensão do conceito relativo ao uso do banheiro

A criança compreende para que serve o vaso sanitário.

Desgosto por estar molhada

A criança não gosta de se sentir molhada ou suja e deseja que as fraldas sejam trocadas.

DICA RÁPIDA

Meu filho apresentava atraso na linguagem devido a muitas infecções no ouvido. Não era uma criança muito falante, mas gesticulava bastante. Ele me avisava que precisava ir ao banheiro apontando para baixo e descendo as calças. Finalmente começou a usar as palavras, mas antes, a gesticulação ajudou a impedir que ficasse frustrado até conseguir usá-las. Encorajo os pais a ensinar gestos simples a seus bebês para melhorar a comunicação e facilitar o desenvolvimento da linguagem.

— Chris S.

SINAIS DE PRONTIDÃO PSICO-SOCIAL-EMOCIONAL

Finalmente, procure sinais de que a criança tem consciência de si mesma, é socialmente consciente e está emocionalmente pronta para passar pelo processo de treinamento.

Autoconsciência

A criança demonstra ter consciência de si mesma ao dizer "eu" ou "meu", ao mexer com seus brinquedos ou mostrar orgulho por suas realizações.

Curiosidade sobre o vaso sanitário

A criança deseja saber mais sobre o treinamento e interessa-se em assistir outros usando o vaso sanitário.

Capacidade de imitar alguém usando o vaso sanitário

A criança imita as ações dos pais ou irmãos sentando-se na cadeirinha-penico ou pretendendo usá-la.

Estabilidade emocional

A criança basicamente já ultrapassou o estágio de desenvolvimento "negativo" e não está passando por nenhum evento traumático, como o ajuste a um novo bebê, a um novo lar ou ao divórcio dos pais.

Receptividade ao elogio

A criança está ansiosa para agradar os outros; fica radiante quando é elogiada e gosta de se dar bem em novas tarefas.

Ansiedade por se tornar "gente grande"

A criança fica interessada em usar as calças de treinamento e cuequinhas ou calcinhas, em vez de fraldas, mostrando que não é mais um bebê.

Capacidade para se envolver em jogos de imaginação

A criança gosta de brincar que seu bichinho de pelúcia ou sua boneca usam o banheiro e compreende os procedimentos básicos.

DICA RÁPIDA

Meu filho queria muito usar calças de gente grande. Ele praticamente se treinou sozinho a usar o banheiro. É provável que o fato de ter dois irmãos mais velhos como modelo tenha ajudado. Tenho certeza de que ele queria ser exatamente como eles! Se não houver irmãos mais velhos, primos ou crianças vizinhas disponíveis para brincar com sua criança e também mostrar-lhe como usar o banheiro, tente encontrar outras maneiras.

— Mary W.

SINAIS DE QUE A CRIANÇA NÃO ESTÁ PRONTA

Mesmo que a criança não exiba alguns dos sinais de prontidão, pode mostrar outros que irão mostrar que ela ainda não está preparada.

Falta de consciência

A criança parece esquecer-se do fato de estar molhada ou suja, ou parece não sentir que está urinando ou defecando.

Falta de interesse

A criança não demonstra qualquer interesse pela fralda, pela cadeirinha-penico ou pelo vaso sanitário.

Urinar freqüentemente

A criança molha a fralda a cada uma ou duas horas durante o dia. (As chances são de que ela não está pronta para reter a urina por tempo suficiente para o treinamento.)

Resistência

A criança resiste às suas tentativas de encorajá-la a usar o banheiro através da fala, ficando zangada, chorando ou fugindo.

Negatividade

A criança ainda está no estágio "negativo" do desenvolvimento. Especialistas consideram como positivo este estágio em que a criança afirma sua independência.

Estresse

A criança está passando por algum evento desgastante, como a chegada de um novo bebê, mudança para uma nova casa, mudança de creche, a morte de alguém da família etc.

Deficiência

A criança possui uma deficiência, como retardo no desenvolvimento ou algum problema físico, que impede o processo. (Ver página 35.)

DICA RÁPIDA

Minha cunhada já tinha um filho de mais ou menos um ano quando tive o meu. Ela me disse que tinha treinado o seu filho perto do final de seu primeiro ano de vida. Naturalmente tentei competir com ela, mas foi um verdadeiro fracasso. Exausta e histérica, fui ao médico para descobrir o que estava errado. Ele deu uma boa risada e me disse que o filho de minha cunhada realmente não tinha sido treinado com um ano de idade. Ele tinha hábitos regulares de eliminação e sua mãe conseguia colocá-lo no peniquinho na hora certa, o que deu a ela a impressão de que ele estava treinado.

— Rena L.

Brincadeira de boneca(o) ou bichinho

Uma outra maneira de se verificar a prontidão da criança é buscar o auxílio de um boneco ou bicho de pelúcia, de preferência um em que se possa colocar uma fralda e, depois, uma roupa. Alguns bonecos já são produzidos para "mamar" e "fazer xixi" e alguns são anatomicamente corretos. Usar um boneco ou um bichinho em uma brincadeira de imitação pode dar à criança uma oportunidade de desenvolver suas habilidades e pensamentos em relação ao treinamento, sem que a atenção e a pressão sejam colocadas sobre ela.

Através da brincadeira você pode observar se a criança mostra interesse no uso do vaso sanitário, ou pode encorajá-la a imitar você ou um irmão mais velho para tornar-se "grande". A ansiedade da criança para participar da brincadeira é um forte indicador de prontidão.

Amostra de um diálogo para a brincadeira com boneca(o) ou bichinho

Antes de brincar com a criança e seu boneco ou ursinho, experimente iniciar uma conversa com as seguintes palavras: "Espere um pouquinho. Vamos verificar a fralda da(o) "boneca(o)" ou do "bichinho" (diga o nome, se eles tiverem um). Será que está na hora de trocá-la?" Isso revela se a criança mostra interesse pelo assunto. Se ela desejar trocar a fralda da boneca(o) ou do bichinho, mostre-lhe como fazer,

ajude-a, ou deixe que ela tente fazer tudo sozinha. Explique-lhe o que está acontecendo e porque é preciso trocar a fralda.

Depois que tiver introduzido o conceito da necessidade de se mudar a fralda, você poderá levar a brincadeira para um outro nível, com as seguintes palavras: "Nossa! Acho que a fralda dela(e) está molhada e ela(e) não gosta nada disso. Quer se sentir seca(o) novamente. É melhor trocar a fralda. Você não acha que ela(e) gostaria de usar o peniquinho para fazer xixi ou cocô, agora que já está ficando crescida(o)?" A resposta e a atitude da criança indicarão o seu nível de interesse no assunto.

DICA RÁPIDA

Antes de começarmos o treinamento de nossa filha de dois anos e meio, costumávamos sentar com ela no colo sobre o assento do vaso sanitário e fazíamos aquele ruído semelhante ao da urinação. Quando a colocamos sentada no vaso sanitário sozinha e fizemos o mesmo som, ela conseguiu fazer xixi.

— Meena S.

PERGUNTAS À DRA. KELLY

Pergunta: A orientação da pré-escola de meu filho estabelece que, para ser aceita pela escola, a criança já deve estar treinada no uso do banheiro. A data fatal para o início da pré-escola está se aproximando rapidamente e meu filho, de três anos, ocasionalmente ainda molha suas roupas, especialmente quando está preocupado com algum brinquedo ou atividade. Ele adora suas roupas de gente grande e está muito orgulhoso de sua capacidade de usar o banheiro, mas eu estou com medo de que ele fique tão absorvido com as atividades da escola, que acabe esquecendo de ir ao banheiro e seja dispensado! O que devo fazer?

Resposta: Você pode conversar com os orientadores da escola sobre quão estrita é esta política. Muitos administradores são flexíveis e de mente aberta a respeito deste período de transição. De fato, eles esperam que uma criança recém-treinada passe por recaídas ao entrar para a escola. Muitas pré-escolas encorajam os pais a mandar uma ou duas mudas de roupa para o caso de acidentes. Também providenciam grandes períodos de tempo ao longo do dia para que a criança use os banheiros que têm fácil acesso. Se a política de uma pré-escola parece muito rígida, procure outras. Uma filosofia muito rígida a esse respeito também pode sê-lo em relação a outras áreas. Mas tenha em mente que as crianças naturalmente desejam ser iguais a seus companheiros. Seu filho pode surpreendê-la com seu sucesso na escola.

Pergunta: Meu pai diz que tenho problemas em estabelecer limites para meu filho. Ele acha que isso irá me impedir de treiná-lo eficazmente no uso do banheiro. Até me perguntou se eu não gostaria de passar essa responsabilidade para ele. O que devo fazer?

Resposta: Ter problemas para estabelecer limites pode tornar o treinamento mais difícil. Porém você pode visualizar o processo como uma oportunidade para rever e melhorar o relacionamento com seu filho. Pais **e** avós precisam saber que é a **criança** que determina quando o treinamento deve ocorrer. Se o processo estiver causando pressões e necessidade de lembretes constantes, provavelmente é melhor parar por alguns meses. Depois desse tempo você pode verificar novamente a prontidão da criança e decidir quando começar. Não hesite em procurar ajuda em relação à disciplina, se ocorrerem confrontos. Aquilo que você aprender nessa área provavelmente irá ajudá-la no processo de treinamento.

Pergunta: Nossa filha de dois anos e meio parece estar mostrando alguns dos sinais de prontidão, como pedir que sua fralda seja trocada. Porém ela sempre tem muitas ocorrências de intestino solto e não consigo imaginar como fazer a transição para o peniquinho. Precisamos esperar até que seus intestinos fiquem mais firmes antes de iniciar o treinamento?

Resposta: Absolutamente. A consistência das fezes varia marcadamente entre crianças de dois anos e há uma ampla variedade naquilo que é considerado normal. Lembre-se também que as fezes podem parecer mais "moles" nas fraldas porque as crianças sentam-se sobre elas antes de a fralda ser trocada. Em crianças maiores há mais problemas com fezes duras do que com fezes mais moles. Sinta-se livre para encorajar sua filha a usar o peniquinho.

Pergunta: Minha filha tende a ficar com prisão de ventre por longos períodos de tempo. Embora ela já tenha quase três anos, temo que o treinamento piore esta situação. Aí é que teremos *realmente* um problema nas mãos! O que fazer?

Resposta: Acho uma boa idéia lidar primeiro com o problema da prisão de ventre. Ela é definida pela dificuldade dos movimentos intestinais, não por sua falta de freqüência. A melhor maneira de abordar o problema é fazer alterações na alimentação. Experimente aumentar a ingestão de água de sua filha e ofereça sempre grande quantidade de frutas (pêssegos, pêras, ameixas pretas, uvas-passa). Experimente também diminuir a ingestão de alimentos ligantes, tais como arroz, bananas, queijo e maçãs. Se isso não funcionar, discuta outras opções com o pediatra. A situação pode levar bastante tempo para melhorar. Porém você não precisará retardar o treinamento durante este período se sua filha já apresentar sinais de prontidão.

CAPÍTULO 4

Prepare-se

Agora que seu filho parece pronto para o treinamento, é hora de você se preparar para a grande aventura. Comece reunindo os materiais e o equipamento necessários a uma experiência bem sucedida e livre de tensões. Não há necessidade de muitas coisas, mas alguns itens são essenciais. Uma vez que existe no mercado uma enorme variedade, fornecemos um guia para ajudá-lo a se preparar.

TIPOS DE SANITÁRIOS

Há três tipos diferentes de sanitários disponíveis para o início do treino. Apresentamos cada um deles com seus prós e contras.

Vaso sanitário comum para adultos

Embora o sanitário padrão possa parecer o mais conveniente, a maioria dos especialistas em desenvolvimento infantil não recomenda, por ser projetado para o corpo de um adulto. É grande, desconfortável e pode ser intimidante para uma criança pequena. As crianças freqüentemente temem o barulho da descarga, o turbilhão da água e o fato de que objetos misteriosos desaparecem num buraco aparentemente negro. Sentar-se num sanitário grande pode, portanto, ser bem assustador para uma criança instável e que ainda não alcança o chão com os pés. Ela pode ter medo de cair, tanto fora quanto dentro dele.

Sanitário grande com adaptador de assento

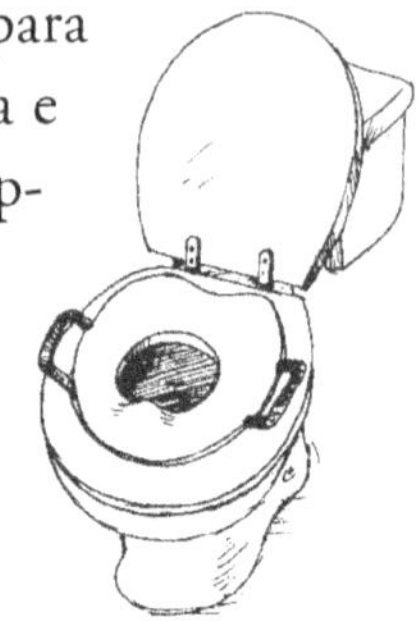

Adaptadores de assento são projetados para ajudar a criança a sentar-se com segurança e conforto num sanitário de adultos. Esses adaptadores possuem uma variedade de estilos para satisfazer diferentes preferências. O adaptador mais comum é feito de plástico moldado em forma de anel, com uma abertura menor para ajudar a criança a sentar-se confortavelmente. A maioria dos adaptadores são leves e portáteis, para poderem ser levados em viagens ou passeios. Alguns são infláveis e outros podem ser dobrados, o que os torna ainda mais convenientes.

Ao usar um adaptador de assento não há necessidade de uma limpeza extra, já que você simplesmente dá a descarga no sanitário usado. Quando a criança se sentir confortável no adaptador, você pode eventualmente retirá-lo e deixar a criança experimentar a transição para o assento do próprio sanitário de adulto.

Algumas pessoas consideram certos adaptadores um estorvo porque têm de ser removidos para uso adulto, mas existem adaptadores que podem simplesmente ser levantados para essa finalidade. Adaptadores também podem ser desconfortáveis e instáveis, dependendo do *design*, e podem soltar-se do assento do vaso sanitário, fazendo com que a criança perca o equilíbrio e caia. Se seu filho cair do sanitário pode se tornar relutante em usá-lo novamente.

Para tornar o assento adaptador mais acessível providencie um degrauzinho ou uma escadinha para ajudar a criança a subir mais facilmente. Eles fornecem simultaneamente um lugar para apoiar os pés enquanto a criança está sentada, especialmente úteis para meninos que preferem urinar em pé.

Cadeira-penico

A maioria das crianças prefere a cadeirinha-penico no início do treinamento. Ela ajuda a tornar a experiência menos assustadora e mais agradável e tem o tamanho apropriado. Para uma criança é naturalmente mais confortável sentar-se em um assento projetado de acordo com o seu corpo.

A criança geralmente se sente mais segura quando usa a cadeirinha porque sabe que não vai cair, pode colocar os pés no chão e lhe dá maior apoio na evacuação. A cadeirinha também não tem aquele ruído assustador da descarga e nem buracos negros, além de que pode ser levada de um aposento a outro, de acordo com a conveniência tanto dos pais quanto da criança. Algumas cadeirinhas se tornam escadinhas mais tarde, quando a criança já está pronta para o uso do sanitário de adulto. Outras podem ser convertidas em adaptadores de assento.

DICAS PARA COMPRAR A CADEIRINHA

A escolha da cadeirinha certa pode parecer exaustiva quando você procura pela primeira vez. Há mais de uma dúzia de diferentes estilos no mercado e eles variam muito.

Fácil de usar

É melhor uma cadeirinha que ajude a desenvolver a independência, a auto-estima e as habilidades da criança. Quanto mais coisas ela conseguir fazer sozinha, melhor. Examine o peniquinho e veja se é fácil de ser removido, de modo que ela possa esvaziar seu conteúdo no sanitário adulto sem derramar. A retirada por cima é mais fácil do que aquela por baixo.

O teste da criança

Quando for comprar a cadeirinha leve junto a criança e ajude-a a escolhê-la. Deixe que experimente os diferentes modelos, estilos e tamanhos, para verificar sua firmeza e seu ajuste a ela. Pense também que crianças crescem e que a cadeirinha deverá ajustar-se ao crescimento.

Estabilidade

Verifique se a cadeira permanece estável quando a criança se senta, se levanta ou se recosta. Escolha uma que seja leve para ser transportada pela casa, mas suficientemente estável para oferecer um bom apoio. Melhor uma de base larga e pernas fortes, de modo que a criança não caia para trás ao se curvar, ou no chão ao sentar.

Conforto

Certifique-se de que a criança senta-se confortavelmente e pode ficar sentada nela por vários minutos. Verifique também se não há bordas ou pontas cortantes, ou áreas que machuquem a pele da criança. As melhores cadeirinhas são lisas e moldadas em uma única peça de plástico.

Pote de borrifo

A maioria das cadeirinhas contém um pote de borrifo que ajuda a guiar a urina para o peniquinho. Isso é especialmente útil para os meninos. Esses potinhos são geralmente destacáveis e não devem ser muito largos nem muito estreitos, ou soltos.

Cintos de segurança

Algumas cadeirinhas possuem cintos de segurança para ajudar a criança enquanto está sentada, mas podem fazer a cadeira virar se a criança se curvar ou levantar. Algumas crianças não gostam de ser amarradas ao assento.

Descansos de braços

Os descansos de braços podem aumentar o conforto e nivelamento da criança, mas inclinar-se sobre eles pode fazer a cadeira tombar. Verifique isso antes de comprá-la.

Mais de uma

Considere a possibilidade de ter duas ou mais cadeirinhas-penico. Mantenha-as distribuídas em aposentos que você pretenda usar para o treinamento tais como o banheiro, o quarto da criança, o quarto de brinquedos etc. Talvez queira ter também uma cadeirinha inflável, ou um adaptador de assento, para levar em viagens ou quando visitar a família ou os amigos.

DICA RÁPIDA

O pediatra do meu filho deu-me um ótimo conselho: compre uma cadeirinha de plástico pequena e coloque-a no banheiro ao lado do vaso sanitário. Fica mais fácil para limpá-la e quando seu filho a seguir até o banheiro, verá como você a esvazia, terá uma idéia geral do processo e irá se treinar sozinho. Funcionou lindamente. Inicialmente, meu filho me seguia, abaixava as calças, sentava-se e ficava conversando comigo. Na primeira vez em que ele fez xixi nela, eu o elogiei e fiz a maior festa. Logo ele estava usando a cadeirinha com regularidade, praticamente sem acidentes e pouco tempo depois estava totalmente treinado.

— Rena L.

ROUPA DE TREINAMENTO

A roupa que seu filho usa neste período importante é crucial para o sucesso. Eis algumas opções a serem consideradas.

Calças

A roupa mais popular para o treino são as calças com elástico na cintura. São fáceis de subir e descer, de modo que a própria criança pode fazer isso sozinha. O tempo é importante durante este período crítico e as roupas devem ser práticas e fáceis de manipular pela criança.

Fraldas "tira-põe"

Há fraldas no mercado que funcionam como calcinhas ou cuequinhas. São fáceis de abaixar e levantar e são convenientes na retenção de urina, ou fezes, quando a criança não consegue chegar ao banheiro. O inconveniente é ela não se sentir desconfortável depois de molhar a fralda, o que pode reduzir sua motivação para o uso do banheiro.

Roupa íntima

Esta roupa é feita com camadas extra de algodão, para absorver a urina, ou as fezes, quando a criança não consegue chegar a tempo no banheiro. Diferente das fraldas, o desconforto será sentido mais fortemente porque essa roupa não é tão absorvente, e ainda há o risco da urina ou fezes escaparem, molhando e sujando a roupa.

Alguns especialistas argumentam que, se a criança não sentir o desconforto das calças molhadas não terá motivos para ficar seca. Você pode começar com o uso de calcinhas ou cuequinhas e usar as fraldas "tira-põe" somente depois que o treino já estiver bem estabelecido.

Tamanhos maiores

A criança pode usar calças e roupa íntima ligeiramente maiores do que aquelas que ela normalmente usa, para serem mais fáceis de abaixar e levantar. Elas devem ser folgadas na cintura, mas não a ponto de caírem.

Calças de treinamento noturnas

Estas calças também estão disponíveis no mercado e ajudam a criança a permanecer seca durante a noite, de modo a não ser necessário usar fraldas.

Provisão

É melhor ter de oito a dez calcinhas ou cuequinhas, e calças de treinamento disponíveis durante o processo. Certifique-se de que tem lenços de limpeza suficientes para não precisar sair correndo para comprá-los.

Roupa íntima de "gente grande"

Quando a criança estiver pronta para o uso de roupa íntima normal, talvez seja bom comprar alguma decorada com personagens de desenho animado ou outras figuras, de modo a tornar o seu uso mais divertido. Deixe que a criança escolha as que mais gosta, para que tenha algum controle sobre o processo.

Roupa simples

Evite roupa com fivelas, zíperes, botões, botões de pressão, laços, cintos ou outras coisas que dificultem sua retirada. Evite também roupa apertada, jardineiras e roupa com muita sobreposição ou que seja muito grande. Procure calças com elástico na cintura, fechos de velcro ou outro tipo de acabamento que facilite a retirada e a colocação.

Sem calças?

Se o tempo permitir, talvez você possa deixar a criança ficar nua, ou usando apenas uma camiseta curta, sem calças. Se você tem nervos fortes e disposição para limpar a sujeira, este é o caminho mais fácil!

DICAS RÁPIDAS

Nosso filho pediu para usar cuequinhas e camisetas dos super-heróis porque queria se sentir como o Homem-Aranha ou o Batman. Dissemos-lhe que logo que ele usasse roupas de "gente grande", ganharia cuequinhas dos super-heróis. Assim, ele já estava treinado antes de entrar na pré-escola.

— David K.

Mantive ainda as fraldas por alguns dias, quando minha filha começou a usar a cadeirinha. Um dia, levei-a ao Shopping para que ela, como prêmio, escolhesse suas calcinhas. No início houve alguns acidentes, mas rapidamente aprendeu a usar a cadeirinha. Também lhe dava doces ou pequenos brinquedos quando ela passava um dia inteiro sem molhar a roupa. Esses incentivos fizeram toda a diferença.

— Kristin G.

Quando iniciei o treinamento do meu filho troquei as fraldas por cuequinhas normais. Nos primeiros dias usei calças plásticas de treinamento sobre as cuequinhas normais, para evitar muita sujeira.

— Becky G.

OUTROS MATERIAIS E EQUIPAMENTOS

Veja alguns outros itens que você pode ter à mão quando treinar seu filho, para tornar a experiência mais confortável, agradável e divertida para ele.

Decoração

Para que a cadeirinha seja mais convidativa, acrescente adesivos e decalques, ou escreva o nome da criança nela.

Papel higiênico

Há várias maneiras de ensinar a criança a medir o tamanho do papel higiênico a ser usado na hora de se limpar. Alguns pais ensinam os filhos a medir o papel por palmos; outros recomendam que a medida seja feita usando o tamanho do braço da criança. Se o rolo de papel higiênico está a curta distância do chão, você pode ensinar a criança a desenrolá-lo até que atinja o chão. Se a criança tem dificuldade de controlar seu desejo de desenrolar o papel, achate um pouco o rolo, de modo que seja mais difícil desenrolar o papel. Alguns pais preferem usar lencinhos especiais, que podem ser jogados no vaso sanitário e levados pela descarga.

Alvos

Os meninos gostam de mirar seu jato de urina em alvos flutuantes no sanitário. Você pode fazer os seus próprios alvos usando pequenos pedaços de papel fino poroso coloridos e jogá-los no vaso.

Corantes de alimentos

Coloque um pouco de água no fundo do peniquinho (isso também torna a limpeza mais fácil) e acrescente algumas gotas de anilina. Quando a urina da criança atinge a água, ela se torna verde.

Tampa

Algumas cadeirinhas possuem tampa. Muitas crianças gostam de levantar a tampa, mas outras acham um aborrecimento quando estão com pressa. Compre uma cadeirinha com tampa destacável para o caso da criança não gostar dela.

Música

Algumas cadeirinhas vêm com uma caixinha de música acoplada, que começa a tocar quando a urina bate no peniquinho. Outras tocam música enquanto a criança está sentada. Isso pode ser relaxante ou pode ser motivo de distração, dependendo da criança. Se você não tem certeza de como seu filho irá reagir, faça um teste colocando uma música enquanto ele usa a cadeirinha. Se virar distração, não use.

Livros

Mantenha livros de gravuras perto da cadeirinha para que a criança "leia" enquanto está sentada. Isso pode ajudá-la a relaxar e permanecer sentada por períodos mais longos de tempo, se for necessário.

Brinquedos

Se a criança prefere brinquedos a livros, mantenha uma cesta de brinquedos próxima o bastante para que ela possa se distrair enquanto está sentada. Certifique-se de que os brinquedos são fáceis de ser usados e lave-os periodicamente para mantê-los livres de germes.

Prêmios

Alguns pais gostam de premiar seus filhos com pequenos doces, biscoitos ou brinquedos todas as vezes que usam a cadeirinha. Outros pais usam tabelas para marcar os sucessos, conforme vão ocorrendo, deixando os brinquedinhos ou docinhos para ocasiões especiais, tais como permanecer seco o dia inteiro. Certifique-se de não substituir o elogio pelo doce ou brinquedo. Suas palavras de encorajamento e aprovação constituem o prêmio mais eficaz que você pode lhe dar.

DICAS RÁPIDAS

Eu colocava pequenos pedacinhos de papel vermelho no vaso para que meus filhos os acertassem. Fiz até um quadro anotando quantos pedacinhos eles acertavam.

Também coloquei uma cadeirinha atrás da porta, comprei um pacote de adesivos e fiz um quadro no quarto da minha filha. Todas as vezes que ela se sentava sozinha na cadeirinha, eu colava um adesivo no quadro. No início ela recebia um prêmio após eu grudar o adesivo. Depois, passou a receber um prêmio quando completava cinco adesivos colados. Finalmente não precisou mais de prêmios.

— Melissa S.

DICAS DE BÔNUS PARA O TEMPO DE USO DO SANITÁRIO

Lugar seguro

Se a criança fica assustada com o banheiro, comece colocando a cadeirinha no quarto dela, ou em algum lugar onde ela se sinta segura.

Sem distrações

Se a criança se distrai facilmente, comece o treinamento em um aposento silencioso para que ela se sinta mais relaxada.

Companhia

Se a criança quiser que você fique com ela, fique. Você pode se sentar no sanitário de adulto, enquanto ela se senta na cadeirinha, ou pode ficar por perto. De qualquer modo, faça o possível para que ela se sinta tranquila.

Segurança extra

Se a criança se sente insegura, converse com ela ou pegue sua mão enquanto ela usa a cadeirinha ou o sanitário de adulto.

Roupa extra

Sempre tenha uma muda de roupa à mão para o caso de acidentes, especialmente se estiver viajando, passeando ou indo para a escola etc.

DICA RÁPIDA

Minha amiga me disse que a cadeirinha ia para onde sua filha fosse durante o período de treinamento. Se iam para a cozinha, para lá ia a cadeirinha. Se fossem assistir TV, a cadeirinha ia para a sala. Ela também mantinha o uso de uma camiseta longa ou calças largas (ou roupa nenhuma), para que a filha pudesse usar a cadeirinha sem o seu auxílio. Sempre que a filha tinha necessidade, bastava se sentar na cadeirinha. Foi um treino completamente livre de estresse.

— TRACY O.

BONECOS QUE "FAZEM XIXI"

Compre ou peça emprestado um "nenê" de brincar que bebe uma mamadeira de água e "faz xixi". Arrume alguns acessórios, tais como mamadeiras, calças de treinamento e roupas largas.

Explique como funciona

Quando der o boneco para a sua criança, explique o que ele pode fazer (beber e fazer xixi). Mostre-lhe como funciona e deixe-a brincar com ele.

Brinque junto

Passe algum tempo com a criança, brincando com o "nenê" e compondo cenários que envolvam a cadeirinha.

"Treine" o boneco

Depois de dar a mamadeira de água para o "nenê", mostre à criança os movimentos necessários para treinar o boneco no uso do sanitário. Faça-a tirar as calças do boneco e depois ensine-a a colocar o boneco na cadeirinha.

Conversem com o "nenê"

Conversem com o boneco (você e a criança), enquanto "ele" está sentado na cadeirinha. Encoraje o boneco a fazer xixi e depois aperte-o para que libere a água.

Elogie o boneco

Depois que o boneco fizer xixi, elogie-o pelo bom trabalho, bata palmas e diga ao boneco como você está orgulhoso(a) dele.

Limpe o boneco

Deixe que a criança pegue um pedaço de papel higiênico e enxugue o boneco, ou peça à criança para "ensinar" o boneco a se limpar (sempre da frente para trás). Leve o papel usado para a lixeira do banheiro ou jogue-o dentro do peniquinho ou da privada.

Lave o peniquinho

Faça a criança levar o peniquinho até o sanitário grande, jogando nele o seu conteúdo. Dê você mesmo a descarga se a criança tiver medo de fazê-lo.

Vista novamente o boneco

Depois de limpar e secar o boneco, vista-o novamente. Não esqueça das calcinhas / cuequinhas!

Lave as mãos

Depois que o boneco estiver vestido, leve a criança até a pia do banheiro e lave suas mãos.

Brincadeira de boneca(o) ou bichinho

Brincadeiras de boneco(a) ou ursinho podem ser úteis de várias maneiras, e até mesmo ajudam a escolher o melhor equipamento para a própria criança.

Exemplo de diálogo para uma brincadeira

Ao brincar com a criança, você pode encorajá-la a levar o boneco ou o ursinho às compras. Enquanto vocês estão "fora", você pode dizer: "Vamos olhar algumas cadeirinhas e roupas de criança grande enquanto fazemos compras! Desse modo, quando o "nenê" (boneco) decidir que está na hora de usar a cadeirinha, já teremos o que ele precisa! Que tipo de cadeirinha você acha que ele vai gostar? Daquele tipo de sentar, ou daquele outro que a gente coloca no sanitário grande?" Também: "Que tipo de calças de menino(a) grande você acha que ele vai querer? Aquelas com ursinhos ou as outras com corações?" Certifique-se de usar um tom que reflita o seu entusiasmo.

Você pode também sugerir à criança que as melhores roupas para o boneco usar são aquelas fáceis de pôr e tirar, caso o boneco queira ir ao banheiro. Você pode até providenciar um equipamento incluindo fraldas, calças de "boneco-crescido", papel higiênico e livros para ler.

PERGUNTAS À DRA. KELLY

Pergunta: Como pediatra, você tem alguma recomendação sobre que tipo de sanitário funciona melhor no treinamento?

Resposta: Na maioria dos casos as crianças preferem a estabilidade das cadeirinhas. Elas preferem colocar os pés no chão, e geralmente se sentem mais confortáveis. Porém, as necessidades das crianças variam, de modo que não hesite em experimentar outras opções, incluindo adaptadores de assento e sanitários de adulto.

Pergunta: É má idéia comprar ou emprestar uma cadeirinha de segunda mão? Devo me preocupar com doenças?

Resposta: Acho que emprestar uma cadeirinha usada ou comprar uma de segunda mão é uma grande idéia. A criança não vai "gastar" a cadeirinha, uma vez que a usa por pouco tempo. Gastar menos com ela pode fazer sobrar algum dinheiro para comprar livros, CDs ou outros acessórios, e você ainda poderá optar por comprar uma cadeirinha extra. Quanto à higienização, lave muito bem a cadeirinha com uma solução de água sanitária, e assim não terá de se preocupar com germes. Mas enxágüe muito bem e completamente.

Pergunta: Estou confusa em como premiar meu filho por seus sucessos. Ouvi histórias maravilhosas sobre premiar com guloseimas, mas também ouvi que não se deve premiar com doces. O que me aconselha?

Resposta: Alguns especialistas preocupam-se com este tipo de premiação. Isso pode levar a um padrão não-saudável do uso de guloseimas para reforço positivo. Tais hábitos podem levar a um consumo excessivo e, conseqüentemente, à obesidade infantil. O alimento deve ser visto como uma fonte essencial de sustento e nutrição. Pessoalmente, acredito que o assunto deve ser examinado dentro da dinâmica comportamental de cada família, considerando as predisposições genéticas. Se os doces forem usados, a moderação é fator importante.

Pergunta: Quero tornar o treinamento o mais divertido possível. Pode me dar sugestões?

Resposta: Concordo que um pouco de diversão e humor no processo pode ser terapêutico, já que reduz a tensão e alivia os pais e a própria criança envolvidos. Cantar e dançar geralmente tornam as coisas mais leves. Algumas pessoas acham que isso também melhora o processo de aprendizagem. Você pode usar uma cadeirinha musical ou comprar vídeos e CDs comuns. Pode também usar sua criatividade e fazer uma paródia de alguma música que a criança goste.

CAPÍTULO 5

Determine-se

Depois de reunir todo o equipamento, está na hora de dar o próximo passo. Com um pouco de preparação, planejamento e prática, você poderá guiar seu filho logo que ele mostrar os sinais de prontidão.

ESTABELEÇA O PALCO

Como artistas preparando-se para o palco, você e a criança ficarão menos tensos e mais propensos ao sucesso se ensaiarem. Se a criança estiver bem preparada, irá se sentir mais confortável e ansiosa para aprender uma nova habilidade.

Prepare a criança

Converse com a criança sobre a nova experiência de uma maneira positiva. Fale a respeito disso dentro de um certo contexto, como, por exemplo, na hora em que estiver trocando a fralda, ou quando você estiver indo ao banheiro. Diga-lhe que está querendo compartilhar com ela esta nova aventura, e que ela irá se sentir orgulhosa de si mesma quando realizar esta tarefa. Faça-lhe perguntas para ver se ela entendeu, e ouça-a cuidadosamente quando ela falar de suas expectativas (se já for capaz de fazer isso).

Tenha cuidado, porém, para não exagerar a experiência e para que a criança não se torne precavida ou resistente.

Compartilhe os acessórios

Mostre à criança os acessórios que vocês usarão nos ensaios. Descreva cada peça do equipamento, desde a cadeirinha-penico até as calças de treinamento, e deixe que ela explore tudo em seu próprio tempo, tocando, sentando na cadeirinha, decorando-a. Deixe que a coloque no lugar que quiser (dentro de limites razoáveis), para que ela se sinta no controle do processo. Compare a cadeirinha com o sanitário dos adultos e comente as diferenças. Faça perguntas para ver se a criança entendeu suas explicações e se quer saber algo mais a respeito do equipamento.

Juntem forças

Certifique-se de que todos os envolvidos no processo de treinamento compreendem os procedimentos a ser seguidos, incluindo cônjuge, avós, irmãos, babás, pessoal da creche ou da pré-escola, e outras pessoas que interagem com a criança regularmente. Desacordos ou coisas mal compreendidas entre os envolvidos irão confundir a criança e podem resultar em atrasos ou recaídas. Se você for um treinador "de primeira viagem", provavelmente precisará que os outros o ajudem, e a seu filho, a alcançarem esta meta.

Use livros e vídeos

Considere a compra ou o aluguel de livros ilustrados e vídeos sobre o treinamento. Leia-os ou assista-os primeiro para ter certeza de que o conteúdo reforça os seus métodos. Depois, e antes de iniciar o treino, leia os livros e assista os vídeos junto com a criança, para que ela veja mais claramente o que se espera dela. Responda as perguntas que possam surgir. Após o início do treino, releiam os livros e assistam novamente os vídeos para reforçar a mensagem.

Estabeleça suas expectativas

Quando conversar com a criança sobre o treinamento, diga-lhe exatamente o que vai acontecer, passo a passo. Faça isso várias vezes durante o processo, para que fique bem claro qual será o papel que ela vai desempenhar, e para que *ela* esteja no controle do treino. A criança deve ver tudo isso como uma aventura *dela*. Explique-lhe que o uso do sanitário lhe permitirá:

- ficar sem fraldas
- ficar sem os odores e a umidade desconfortáveis
- poder usar roupas de gente grande
- começar a usar a cadeirinha-penico (e, finalmente, o sanitário grande)
- ficar seca e confortável o tempo todo
- começar a usar o banheiro como fazem as crianças grandes
- começar a ir à pré-escola.

Mostre-lhe como será o "show"

Dê o exemplo mostrando à criança como usar o sanitário. Deixe a porta aberta para que ela o(a) veja, ou convide-a a entrar se ela estiver interessada. Deixe que se sente na cadeirinha enquanto você se senta no sanitário. Não faça disso uma grande ocasião. É melhor que pareça casual, para ela se sentir descontraída. Se é você que está realizando a maior parte do treino, deixe que seu(sua) parceiro(a) tenha uma chance de oferecer a própria perspectiva. Explique cada passo à criança enquanto os realiza:

- faça-a ver que você está indo ao banheiro
- abaixe as calças e a roupa íntima

- sente-se no sanitário (ou permaneça de pé diante dele)
- urine ou defeque
- pegue uma certa extensão de papel higiênico
- limpe-se, da frente para trás
- levante-se do sanitário
- suba as calças
- dê a descarga
- lave as mãos.

DICAS RÁPIDAS

Comprei a cadeirinha e deixei que meu filho a carregasse de um lugar para outro, e sentasse nela enquanto assistíamos um vídeo sobre como usá-la. Quando ele se acostumou com ela e mostrou sinais de que estava pronto para usá-la, cancelei toda a minha programação por uma semana. Deixei-o correr pela casa pelado, lembrando-lhe periodicamente onde fazer xixi e cocô. No terceiro dia o treino já estava praticamente realizado, exceto por alguns pequenos acidentes — e algumas manchas no carpete.

— Kristy D.

Eu costumava levar meu filho comigo ao banheiro. Quando achei que ele estava pronto para o treinamento comecei a conversar a respeito do processo, para que ele entendesse melhor o que estava acontecendo. Ver-me ir ao banheiro, assim como o meu marido, realmente ajudou quando chegou o momento de ele próprio tentar.

— Melanie E.

OBSERVE A CRIANÇA

Procure os sinais iniciais de que a criança precisa usar o sanitário. Os mais comuns incluem: parecer estar distraída, ficar "dançando", apertar a área genital, estar ansiosa ou dizer alguma coisa sobre estar molhada ou desconfortável. Quando qualquer um desses sinais surgir, pergunte à criança se quer ir ao banheiro (ou se acabou de molhar a fralda).

Crie um plano

Reuna informação sobre os hábitos de eliminação de seu filho e leia o próximo capítulo para saber o que fazer durante o processo de treinamento. Revise os passos várias vezes para criar uma orientação mental clara. Se você precisa de lembretes faça uma cópia dos passos e cole-a na parede do(s) aposento(s) em que fica a cadeirinha, para uma fácil e rápida consulta.

Faça uma tabela

Você pode criar uma tabela que documente os hábitos de eliminação do seu filho. Algumas crianças são muito regulares, em outras é mais difícil antecipar os eventos. Registre a freqüência (e a hora) em que a criança urina e defeca. Anote quaisquer sinais que ela exiba antes de urinar ou defecar nas fraldas. Anote os detalhes e veja se consegue determinar um padrão de tempo e comportamento.

ENCONTRE A HORA CERTA

Escolher a hora certa para o treinamento é crucial para o sucesso. Você gostará, não só, de ter certeza de que seu filho está física, cognitiva e emocionalmente pronto, como de escolher o melhor calendário possível (naturalmente depois que a criança demonstrar prontidão).

Estação do ano

Muitos pais dizem que o verão é melhor, já que a criança não precisa usar muita roupa, ou até nenhuma (se o tempo permitir). Outros dizem que o inverno não é tão ruim porque as calças tendem a absorver a urina em caso de acidente, reduzindo o risco de manchas nos tapetes, carpetes ou móveis.

Férias em casa

Você pode planejar umas férias em casa e usar esse período para o treinamento. Pode ser que isso o ajude a se sentir mais relaxado e evite rupturas no processo, que, de outro modo, poderiam atrasar. Se está planejando viajar nas férias é melhor deixar o início do treinamento para quando voltar para casa. Há muitas distrações quando se está fora de casa e elas podem interferir no processo.

Final de semana prolongado

Se você não estiver perto de um período de férias, pode iniciar o treino em algum fim de semana, especialmente se for prolongado. Planeje devotar-se o tempo todo ao treinamento, com o menor número de interrupções possível.

Hora do dia

Para algumas crianças, a manhã é o melhor momento para o início do treino pois iniciam o dia com esse objetivo em mente. Para outras é melhor à tarde, a parte mais calma do dia. Procure descobrir em que período o seu filho responderá favoravelmente ao treino e comece nesse período. Se sua escolha não estiver funcionando, mude para outro período e veja se a resposta da criança melhora.

PROGRAMAÇÃO

Algumas vezes a programação da própria criança determina a programação do treino. Muitas crianças precisam ir ao banheiro logo após a refeição; para outras, esta é a primeira coisa que fazem pela manhã ou após a hora da soneca.

DICA RÁPIDA

Tive a sorte de meus filhos estarem prontos para o treinamento no verão. Foi MUITO fácil. Deixei-os andar sem calças e esperei que estivessem prontos. Mas se a criança mostrar prontidão nos meses mais frios você sempre pode aumentar o calor dentro de casa e fingir que é verão.

— Barbara S.

ENSAIE O TEATRINHO

Quando você e seu filho estiverem preparados para o treinamento, é hora de ensaiar. Eis algumas dicas para ajudar a criança a preparar-se para o desempenho real.

Uma companhia de teatro de dois?

Algumas crianças desejam que os pais as acompanhem ao banheiro. Precisam de segurança extra no caso de alguma coisa diferente acontecer. Outras mostram sinais de timidez e preferem usar o banheiro sozinhas. O ideal é você ficar junto da criança para encorajá-la e ter certeza de que ela não terá nenhum problema. Se ela insistir em ir sozinha, diga-lhe para manter a porta aberta; assim você poderá acorrer caso necessário.

Resposta rápida

Reserve alguns minutos todos os dias para praticar uma resposta rápida à necessidade de usar o banheiro. Converse com a criança sobre as sensações que antecedem essa necessidade; depois, finjam que é hora de ir. Por exemplo: você poderia dizer "Você não tem que ir fazer xixi?" ou "Não quer fazer cocô?" ou "Não acha que está na hora de sentar na cadeirinha?". Faça a criança praticar a pressa de ir ao banheiro, abaixar as calças e sentar-se na cadeirinha. Aplauda todo ensaio bem sucedido.

Reforço positivo

Antes de iniciar oficialmente a sessão, verifique as fraldas da criança e elogie-a se ainda estiver seca. Se estiver molhada, faça-a saber, no caso de ela não estar completamente consciente da sensação. Depois, conversem a respeito de como ela está quase pronta para usar o banheiro.

Dê os nomes das partes do corpo

Na hora do banho ou da troca de roupa brinquem de dar os nomes apropriados às partes do corpo que visam o treinamento, incluindo os genitais da criança — assim ela conhece os termos e se sentirá melhor ao usá-los. Você deve ser claro e honesto nas palavras que usa para as partes do corpo e sobre o comportamento no uso do banheiro. Não há razão para não usar termos simples e fáceis para a criança, tais como *xixi* e *cocô*, em vez de *urinar* e *defecar*.

Inclua a cadeirinha naturalmente

Deixe a cadeirinha-penico no banheiro ou no aposento em que você está planejando treinar a criança, de modo que ela se acostume a vê-la. Mencione-a de tempos em tempos, mas não excessivamente, para que a criança não se sinta pressionada. Deixe que ela examine outros banheiros nas casas de outras pessoas e em locais públicos para que ela compreenda que eles estão em todos os lugares!

Use algumas técnicas de relaxamento

Ensine à criança algumas técnicas de relaxamento para ajudá-la a se tornar mais consciente de seu corpo e sensível aos sinais de que precisa ir ao banheiro.

DICA RÁPIDA

Deite a criança no chão. Ensine-a contrair e relaxar cada parte do corpo, dizendo o seu respectivo nome, apertando-a e soltando-a. Comece com o punho, depois vá para o braço, pescoço, barriga, perna etc.

Evite distrações

Durante o treinamento evite as distrações. Escolha uma hora calma, em casa, quando não houver amigos ou visitas por perto.

Use um boneco

Deixe a criança brincar com um boneco (de preferência daqueles que bebem água e fazem xixi), antes de começar a sessão de treino. Deixe que ela "alimente" o boneco, vista-o, tire a roupa dele, sente-o na cadeirinha, deixando o boneco urinar, e depois limpe-o.

DICA RÁPIDA

Nossa filha mais nova demorou muito para apresentar os sinais de prontidão e eu achava que ela nunca seria treinada. Entretanto, encontrei uma antiga boneca, daquelas que fazem xixi. Chamei minha filha, enchi uma garrafa de água e levei a cadeirinha-penico para a cozinha. Disse-lhe que seria divertido treinar a boneca a usar a cadeirinha. Assim, sentamos a boneca na cadeirinha e demos-lhe um pouco da água. Esperamos um minuto e fomos olhar para ver se a boneca tinha feito xixi. Depois batemos palmas para a boneca e demos-lhe um docinho. Minha filha pegou o penico, levou-o até o sanitário, despejou a água e deu a descarga. Nós gritamos: "Tchau, tchau, xixi!" Então eu disse: "Vamos agora mostrar à boneca como VOCÊ faz xixi". Minha filha sentou-se na cadeirinha, tomou um pouco de suco de maçã e fez xixi! Fizemos a maior festa. Ela ganhou um doce, levou o peniquinho até o sanitário, despejou-o e deu a descarga, dizendo "Tchau, tchau!" Depois de um tempo, o doce nem era mais uma prioridade. Nossa alegria compartilhada era um prêmio suficiente.

— Julie L.

Brincadeira de boneca(o) ou bichinho

Você pode usar a brincadeira de boneco ou ursinho para avaliar a prontidão da criança para o treinamento.

Exemplo de diálogo para a brincadeira

Quando sentar no chão com a criança e seu "nenê" ou ursinho, pergunte-lhe: "Você não acha que é uma boa idéia perguntar ao "nenê" (ou ao ursinho — e diga o nome se tiverem) se ele não quer usar a cadeirinha? Não vai ser muito bom quando ele estiver pronto para usá-la? Vamos ver se temos tudo o que é necessário para o caso de ele já ser capaz de fazer xixi na cadeirinha! Que coisas você acha que ele vai precisar?" Se a criança estiver relutante em conversar sobre este assunto, não insista. Deixe passar um tempinho. Mais tarde, você pode perguntar: "Quando você acha que o "nenê" (ou ursinho) vai estar pronto? Quando chegar o verão e a gente estiver usando shorts e roupa de praia?"

PERGUNTAS À DRA. KELLY

Pergunta: Quando chegou a hora de desacostumar nossa filha do uso da chupeta, uma amiga deu-me uma dica maravilhosa. Ela me recomendou jogar fora todas as chupetas e dizer à minha filha que a "fada-madrinha" tinha vindo buscá-las para dá-las a outros bebês mais novos. Funcionou tão bem que pensamos usar a mesma estratégia no treinamento para o uso do banheiro. Infelizmente, a "fada-madrinha" não veio. Em vez disso, enfrentamos uma série de acidentes e uma garotinha muito chateada. Por que não funcionou?

Resposta: Foi *você* que ficou pronta para o treinamento de sua filha. Ela não estava. A estratégia é inteligente, mas a hora precisa ser a certa. Apenas quando a criança mostra os sinais de prontidão apropriados, incluindo querer "dominar" o sanitário, é que você pode começar a reforçar o desejo dela com brincadeiras divertidas como visitas da "fada das fraldas".

Pergunta: Uma amiga me deu outra ótima dica que poderia tornar o treinamento fácil e rápido. Quando o filho dela ia à casa dos avós, o avô pegava-o pela mão e dizia: "Vamos passear. Quero lhe mostrar como você pode fazer xixi em uma pedra". Na privacidade do seu quintal, o avô mostrava como fazia isso. O garoto ficou intimidado, mas seguiu o exemplo sem hesitação. Minha amiga me disse que ele nunca teve nenhum acidente depois disso! Eu não estava muito certa do que pensar a esse respeito. O que você acha?

Resposta: Já ouvi muitas histórias nas quais uma ação, frase ou circunstância "exatamente correta" dispara o domínio do sanitário quase de imediato. São histórias divertidas de se contar, mas, na realidade, eu acho que as circunstâncias são mais uma coincidência do que causais. Esta criança em particular provavelmente estava pronta para o treinamento. Quando o avô acrescentou um componente, algo semelhante a um jogo divertido, encorajou o sucesso no neto que já estava pronto para assumir o próprio controle.

Pergunta: Conversamos com nossa filha de 18 meses sobre o uso da cadeirinha, mas não a pressionamos a usá-la. Quando ela finalmente mostrou sinais de interesse, saímos e compramos algumas calças de treinamento, mas ela não quis usá-las. Perdemos uma janela crítica de oportunidade?

Resposta: Absolutamente. Demonstrar interesse e verdadeira prontidão não são a mesma coisa. Não existe uma estrutura de tempo limitada na qual a criança estará pronta para o treino. Quando ela estiver realmente pronta, permanecerá assim.

Pergunta: Quando nosso filho fez dois anos, fomos a uma loja e o deixamos escolher sua cadeirinha. Ele pareceu muito excitado, mas agora que a cadeira está fora da caixa e no banheiro, ele parece relutante em sentar-se nela. Isso significa que ele não está pronto?

Resposta: Algumas crianças gostam de praticar sentando-se na cadeirinha ainda vestidas, apenas para "ver como é". Você pode usar isso como uma maneira de chegar à prontidão de seu filho. Se ele permanecer desafiante, retarde o treino. Deixe a cadeirinha onde ele possa vê-la e diga-lhe que vai chegar a hora de ele usá-la. Ao mesmo tempo continue procurando os sinais de prontidão e espere a hora certa.

CAPÍTULO 6

Comece!

Depois de todo esse planejamento e preparação, finalmente é hora de *começar*! Assim, com uma atitude positiva, propósito certo e alguns lembretes, você já está pronto para este evento excitante, transformador da vida. Lembre-se apenas de permanecer relaxado, feliz e otimista e logo seu filho vai estar livre das fraldas para sempre!

DÊ OS PRIMEIROS PASSOS

Para aprender a andar, seu filho teve de dar aqueles primeiros passos. Uma vez que aprendeu, não houve como pará-lo. O mesmo acontece com o treinamento para o uso do banheiro. Ajude a criança a dar estes primeiros passos e assista o quão rapidamente ela progride. Lembre-se que esta é apenas mais uma oportunidade de ensiná-la, embora, às vezes, isso possa parecer difícil. Experimente manter a mesma atitude que tem ao ensinar-lhe uma outra tarefa.

Escolha um dia livre

Escolha um dia em que você não tenha mais nada planejado — nenhuma brincadeira em grupo, nenhum serviço, nenhuma babá, nenhuma doença ou estresse. Sem distrações vocês dois poderão focalizar melhor a tarefa.

Vista a criança com calças de transição

Comece o processo vestindo a criança com calças de transição — fraldas "tira-põe" ou calças de treinamento. Deixe-a vestir-se sozinha (se ela mostrar interesse) e pratiquem subir e descer as calças. Explique-lhe porque está usando estas roupas novas e como é "legal" usar roupas de gente grande.

Procure os sinais

Fique observando a criança e tente perceber os sinais de que ela precisa usar a cadeirinha (parecer distraída, ficar "dançando" no mesmo lugar, apertar os genitais). Lembre a ela o que significam esses sinais, para que aprenda a associá-los à sensação física de que precisa ir ao banheiro. Quando ela mostrar um ou mais desses sinais, acompanhe-a até a cadeirinha tão calma e rapidamente quanto possível. Não entre em pânico! Não é uma situação de vida ou morte!

Siga a programação da criança

Algumas crianças possuem hábitos de eliminação tão regulares que praticamente você pode marcá-los no relógio. Se este é o seu caso, antecipe-os conduzindo a criança para a cadeirinha. Diga-lhe que você acha que está na hora de usar o sanitário; depois, sente-a na cadeirinha e deixe-a experimentar.

Motivação

Se a criança está relutante em experimentar a cadeirinha, você pode estimulá-la com prêmios a cada passo dado para esse objetivo.

Você pode dar-lhe um bonito adesivo se ela abaixar as calças, ou um doce se ela se sentar na cadeirinha por alguns minutos.

COLOQUE O PROGRESSO EM UMA TABELA

Muitos pais obtêm enorme sucesso quando marcam em uma tabela o progresso dos seus filhos. As crianças freqüentemente precisam de lembretes visuais concretos para ajudá-las a compreender conceitos abstratos, tais como aprender a usar o banheiro. Eis uma maneira simples de construir e usar a tabela:

1. Compre uma folha grande de cartolina na cor favorita da criança.
2. Desenhe uma grade do tipo calendário, com sete quadrados na horizontal e cinco na vertical, deixando espaço na parte superior e também do lado esquerdo. Faça quadrados grandes, onde possam ser colocados adesivos, desenhos e comentários.
3. No cabeçalho escreva o título da tabela (por exemplo: "Tabela do Lucas"). O título deve ser grande e bonito!
4. Escreva os nomes dos dias da semana acima dos quadrados horizontais (sob o título) e o número da semana no lado esquerdo (1ª semana, 2ª semana etc.)
5. Coloque a tabela no quarto da criança ou no banheiro, onde ela possa vê-la freqüentemente. Servirá tanto como tabela do progresso quanto como motivação para o uso do banheiro.

6. Todas as vezes que a criança usar o sanitário, dê-lhe uma estrela ou outro adesivo para que ela cole na tabela. Ou deixe-a desenhar alguma outra coisa no quadrado apropriado. Ela ficará deliciada vendo os quadrados serem preenchidos com estrelas, adesivos etc.
7. No final de cada dia converse entusiasticamente com ela sobre o progresso feito e, se achar interessante, dê-lhe algum prêmio.

DICA RÁPIDA

Eu mantinha um saquinho com "bombons" de chocolate em cima da geladeira e todas as vezes que meu filho usava a cadeirinha, ganhava um. O processo de treinamento também foi ajudado pelo fato de ele não gostar de se sentir sujo. Ele também queria muito ser um "menino grande". Ele foi treinado aos dois anos.

— Susan W.

PERMANEÇA FIRME

Elogie o progresso

O elogio é o motivador mais eficaz para se usar com uma criança. O rosto sorridente, o aplauso e as palavras de orgulho ajudarão a criança a ter um progresso estável no treino. Diga sempre alguma coisa positiva todas as vezes que ela fizer um esforço para usar a cadeirinha e mostre-lhe o progresso que está fazendo. Veja alguns exemplos:

- "Que bom trabalho!"
- "Você deve estar orgulhoso de si mesmo!"
- "Você chegou à cadeirinha bem na hora!"

- "Que bom que você usa apenas o papel higiênico necessário!"
- "Que grande menino(a) você é!"
- "Aposto que você se sentiu bem!"
- "Nossa! Você aprende rápido!"

Use lembretes

Não se esqueça de usar os lembretes durante todo o período de treinamento. Pergunte freqüentemente à criança se ela não quer fazer xixi ou cocô. Verifique várias vezes se ela ainda está seca e mencione o prêmio que você está planejando dar-lhe na próxima vez que ela usar a cadeirinha. Lembretes que você pode empregar:

- "Você está sentindo vontade de usar a cadeirinha?"
- "Quer usar a cadeirinha agora?"
- "Vamos lá sentar na cadeirinha e ver se não está na hora de usá-la?"
- "Está com vontade de fazer xixi (ou cocô)?"
- "Você ainda está seco(a)?"
- "Vamos sentar outra vez na cadeirinha?"

Vá com a criança ao banheiro

Você pode ir junto com a criança ao banheiro no início do treino para que seja mais divertido e menos assustador para ela. Todas as vezes que ela se sentar na cadeirinha, sente-se no vaso sanitário ou em uma cadeira próxima e converse ou leia um livro com ela. Sempre que você precisar ir ao banheiro diga à criança que ela pode ir junto com você e usar a cadeirinha dela. Se perceber que ela precisa ir ao banheiro, mas está relutante, diga-lhe que você precisa ir e depois pergunte-lhe se quer ir antes ou depois de você. Deixá-la decidir pode ser toda a motivação de que ela precisa.

Dar ou não dar a descarga

Se a criança está usando o sanitário de adulto, pergunte-lhe se quer dar a descarga — e deixe que *ela* decida. Algumas crianças gostam de ter o controle do sanitário. O vórtice de água pode ser fascinante e o seu desaparecimento pode ser mágico. Se o ruído for muito alto ou assustador para a criança, espere até que ela saia do banheiro antes de dar a descarga. Ou diga-lhe para tapar os ouvidos, assim ela pode ver o vórtice de água mas não ouvir o ruído. Se a criança estiver usando a cadeirinha, deixe que ela a ajude a remover o peniquinho e verter o conteúdo dentro do vaso sanitário. Depois deixe que ela decida se quer dar ou não a descarga.

DICA RÁPIDA

Meu filho recusava fazer xixi no vaso sanitário. Ele só fazia xixi na grama do nosso quintal. Decidi então comprar um pacote de pirulitos, coloquei em um pote e deixei o pote em cima da bancada da pia do banheiro. E disse-lhe: "Todas as vezes que você fizer xixi no peniquinho vai ganhar um pirulito no final do dia". Os pirulitos logo acabaram e ele continuou a usar o banheiro depois disso.

— Debbie A.

CONTINUE

Agora que você iniciou oficialmente o treino, é importante continuar com os lembretes, com a prática, os elogios e os prêmios.

Façam visitas freqüentes ao banheiro

Experimente fazer a criança sentar-se na cadeirinha mais ou menos de hora em hora. Sentar na cadeirinha pode se tornar um gatilho para ajudá-la a esvaziar a bexiga ou os intestinos.

Lembretes constantes

A criança pode ficar tão imersa em suas brincadeiras que esquece de usar a cadeirinha. Lembre-a freqüentemente, mas não excessivamente. Interrupções ou lembretes excessivos podem levar a uma luta de poder.

Espere acidentes

Leva tempo para a criança aprender uma nova tarefa, especialmente quando é muito nova. *Haverá acidentes*, de modo que não os leve a sério. Não os transforme em uma grande coisa nem deixe que a criança fique inibida ou sinta-se um fracasso. Se ela tiver um acidente, comente, mas sem julgar (veja os exemplos); limpe a sujeira (deixe-a ajudar, se ela quiser) e siga em frente. Quando houver um acidente, você pode dizer:

- "Tudo bem! Acidentes acontecem!"
- "Todo mundo na vida passa por isso — até o Super-homem!"
- "Quando eu estava aprendendo a usar o banheiro também tive esses acidentes!"
- "Não se preocupe. Na próxima vez você vai conseguir!"
- "Você está brincando tanto hoje que acabou esquecendo!"
- "Não tem problema. Vamos trocar suas roupas e, da próxima vez, você vai conseguir!"
- "Preste atenção quando sentir vontade de ir ao banheiro — você vai conseguir!"
- "Você quase conseguiu! Bom trabalho!"

DICA RÁPIDA

Com nossa filha mais velha mantivemos um estoque de adesivos no banheiro e ela ganhava alguns todas as vezes que usava a cadeirinha. Eu também sentava perto e lia para ela enquanto ela ficava sentada. Aos três anos ela já estava completamente treinada.

— Julie L.

DIFERENÇAS DE SEXO

Embora meninos e meninas mostrem os mesmos sinais de prontidão, há algumas diferenças gerais em como e quando treiná-los. As diferenças individuais podem variar.

Meninas

- Geralmente estão prontas para o treinamento entre 30-36 meses.
- Aprendem freqüentemente mais rapidamente do que os meninos.
- Usam apenas a posição sentada.
- As mulheres são o seu modelo, mais freqüentemente do que os homens.
- São geralmente mais sensíveis aos sinais de seus corpos do que os meninos.

Meninos

- Geralmente estão prontos para o treino entre 36 e 42 meses.
- Levam freqüentemente mais tempo para ser treinados.
- Podem usar tanto a posição sentada como de pé para urinar. (Alguns meninos no começo têm dificuldade em dirigir o

fluxo de urina. Nesse caso talvez seja preferível iniciar com a posição sentada, passando para de pé quando estão prontos. Também se pode colocar alvos dentro do sanitário.)

- As mulheres são o seu modelo, mais frequentemente do que os homens.
- Geralmente são fisicamente mais ativos do que as meninas e menos conscientes da necessidade de usar a cadeirinha.

Brincadeira de boneca(o) ou bichinho

Uma maneira perfeita de tirar a pressão sobre a criança e ensinar-lhe os princípios do uso do banheiro é envolver seu boneco (ou ursinho) favorito em alguma brincadeira imaginária.

Exemplo de diálogo para a brincadeira

Ao brincar com a criança e seu boneco ou ursinho, você pode lhe dizer: "O boneco (diga o nome, se ele tiver) me disse que quer usar calças de gente grande hoje, e não a fralda. Ele me pediu para lembrá-lo que tem de fazer xixi na cadeirinha. Você acha uma boa idéia? Vamos fazer uma tabela de adesivos para ele e colocar um adesivo bem bonito se ele mantiver seca a sua calça de gente grande enquanto brincamos. Ah! E ele pode ganhar um outro adesivo toda vez que fizer xixi na cadeirinha! Quando já tiver cinco adesivos podemos ir comprar alguma coisa especial para ele! Vai ser muito divertido!"

PERGUNTAS À DRA. KELLY

Pergunta: Ouço muitas histórias sobre premiar as crianças pelo sucesso no treinamento — desde carrinhos até um trenzinho inteiro. Sempre achei que o suborno era algo ruim!

Resposta: Há uma linha muito fina entre o reforço positivo e o suborno. Você pode perguntar à criança se há alguma coisa especial (dentro do razoável, é claro) que ela gostaria de ter, já que aprendeu a usar o banheiro. Desaconselho a premiação com coisas que você já estabeleceu como fora dos limites, tais como doces, refrigerantes, brinquedos ligados à violência, dormir tarde etc. Em vez disso, escolha uma premiação apropriada *junto com a criança* e certifique-se de que será alguma coisa que terá à mão quando chegar a hora.

Pergunta: Lavar as mãos deve fazer parte do treino?

Resposta: Acho que a higiene pessoal é parte importante do treinamento e encorajo os pais a ser bons exemplos para seus filhos mostrando-lhes como lavar bem as mãos.

Pergunta: É errado marcar uma data para o término do treinamento?

Resposta: Uma data específica pode não ser realista, mas no contexto de encorajar a criança e comunicar o seu próprio entusiasmo você pode dizer algo como: "Fico imaginando se você vai estar usando calças de gente grande quando o seu terceiro aniversário chegar!" ou "Não ficaria surpreso se você estiver usando a cadeirinha quando tiver a idade do Joãozinho!" Estas são maneiras específicas de mostrar à criança como você está esperando o sucesso dela no uso do banheiro, sem pressioná-la demais.

Pergunta: Ouvi conselhos conflitantes sobre usar fraldas junto com as calças de treinamento. O que devo fazer?

Resposta: Acho que isso depende de cada situação e a criança deve ser um parceiro na hora de tomar esta decisão. Muito embora possa parecer um passo para trás, você pode ver as fraldas como uma maneira apropriada de dar apoio à criança e dizer a ela que a prontidão está nas mãos *dela* e não nas suas. Se a criança quiser voltar às fraldas, considere o uso de um tamanho menor, de modo que ela se sinta levemente desconfortável. Talvez com isso ela decida usar só as calças de gente grande!

CAPÍTULO 7

Mantenha-se Firme

Embora você tenha realizado muitas coisas com a criança, as lições ainda não acabaram. Continue monitorando os hábitos de eliminação dela e reforçando tudo o que ela aprendeu. Veja algumas dicas que podem ajudá-lo a solidificar as habilidades que está desenvolvendo.

Pergunte

Pergunte à criança, mais ou menos a cada hora, se ela precisa ir ao banheiro. Se ela começar a ficar aborrecida com essas perguntas reduza a freqüência ou escolha outra estratégia.

Lembrete

Lembre ocasionalmente a criança que ela deve usar a cadeirinha quando precisar. Ela pode já estar pronta para assumir o controle.

Sugira

Se já tiver passado um certo tempo (umas duas horas, por exemplo) desde a última vez que usou o banheiro, sugira-lhe fazer isso novamente.

Elogie

Continue a elogiar a criança a cada sucesso. Você pode até elogiá-la mesmo quando ela não está realmente usando a cadeirinha fazendo um lembrete sutil. Dê-lhe prêmios adicionais se achar necessário e se estiver empregando a premiação como estímulo. Com o tempo você deve começar a eliminar os prêmios especiais e permanecer apenas com os elogios.

TORNE TUDO DIVERTIDO

Você pode tornar esta experiência mais agradável incorporando diversão e jogos na hora do banheiro. Veja algumas maneiras de reforçar aquilo que a criança aprendeu.

Brincadeira com boneco ou ursinho

Comece uma brincadeira imaginária com a criança e seu boneco ou ursinho (de preferência, daqueles que fazem xixi) e providencie alguns acessórios para melhorar a brincadeira.

Jogos de palavras

Faça jogos de palavras com a criança enquanto ela estiver sentada no sanitário. Veja alguns exemplos:

- "Espião": olhe ao redor do aposento, identifique um objeto, descreva uma característica dele e pergunte se a criança é capaz de adivinhar o que é. Por exemplo: "Estou espiando alguma coisa branca". A criança poderia dizer: "Sanitário!".
- "Vinte Perguntas": pense em algum objeto que a criança conheça e peça-lhe para tentar adivinhar que objeto é, fazendo a você perguntas cujas respostas sejam sim ou não (não mais do que vinte).

- "Hora da Rima": diga uma palavra e peça para a criança dizer uma outra que rime com aquela que você disse. Por exemplo: "banheira" e a criança poderia dizer "cadeira".
- "Opostos": diga uma palavra (p. ex: "molhado") e a criança deverá dizer o oposto ("seco").
- "Crie uma história". Deixe a criança inventar uma história, comece com uma ou duas sentenças e deixe-a continuar. Vocês decidem quando a história termina.

Livros

Leia para a criança livros apropriados à idade dela, incluindo aqueles sobre o uso do banheiro.

Músicas

Cante musiquinhas com a criança, ouçam CDs ou cantem juntos.

A brincadeira colorida

Adicione anilina (ou qualquer outro corante de alimento) a um pouco de água no peniquinho de modo que a criança possa vê-la tornar-se colorida quando urinar.

Conversas

Conversem sobre tudo e qualquer coisa. Esta é uma grande oportunidade para melhorar a qualidade do tempo que passam juntos.

DICA RÁPIDA

Treinei minha filha com uma ajudinha da "fada da cadeirinha". Disse a ela que a "fada da cadeirinha" tinha deixado balas de goma em um potinho no banheiro. Sempre que ela usava a cadeirinha ganhava um prêmio da fadinha, que lhe dava um bala de goma pelo xixi e três pelo cocô. Funcionou maravilhosamente. O banheiro tornou-se um lugar que minha filha queria visitar regularmente. Também fiquei surpresa pela rapidez com que ela aprendeu a se conter.

— KELLY S.

Coloquei no banheiro figuras de meninos e meninas usando a cadeirinha. Ver outros usarem seus peniquinhos motivou meu filho a aprender.

— MELISSA S.

OBSERVE

Durante o período de treinamento não esqueça de alertar a criança para:

Papel higiênico

Lembre a criança do tamanho de papel higiênico a ser usado: o tamanho do comprimento do braço, ou de quatro a seis quadrados, ou ainda até que o papel alcance o chão.

Limpeza

Certifique-se de que a criança se limpe da frente para trás, de modo a impedir infecções na área genital.

Apenas papel higiênico

Diga à criança para usar apenas papel higiênico na limpeza. Explique-lhe que jogar brinquedos ou outros objetos no sanitário pode causar entupimentos.

A fascinação da descarga

Converse com a criança sobre o que acontece após a descarga se ela se mostrar interessada. Descreva como a urina e as fezes descem pelo encanamento e vão para o esgoto; de onde vem a água da descarga etc. Muitas crianças acham estes detalhes fascinantes.

Sabonetes divertidos

Experimente usar sabonetes bem coloridos com formatos criativos ou de personagens de desenhos animados. Pode usar também sabonetes líquidos em recipientes com formatos divertidos.

Escadinha

É uma boa idéia ter uma escadinha em cada banheiro para que a criança possa alcançar o interruptor, o sanitário de adulto (quando chegar a hora de usá-lo) e a pia para lavar as mãos.

FIQUE ATENTO

Quando a criança está relutante em continuar o treinamento:

Peniquinho

Preste atenção aos medos que a criança pode sentir ao usar a cadeirinha ou o sanitário.

Eliminação

Fique atento para os medos que a criança pode exibir em relação a urinar ou defecar.

Distrações

Observe o que está acontecendo no mundo da criança que possa torná-la relutante ao uso do banheiro, tais como a presença de um novo bebê, uma mudança de casa etc.

Consulta médica

Leve a criança ao pediatra para verificar se existe algum problema físico que possa interferir no treinamento. A prisão de ventre, em particular, pode se tornar um obstáculo significativo.

MUDANÇA PARA O SANITÁRIO GRANDE

Se a criança já está treinada no uso da cadeirinha pode querer mudar para o sanitário de adulto. No início pode ficar com medo ou mostrar ansiedade, mas se você achar que ela está pronta para tentar ajude-a a dar esse passo final.

Certifique-se de que ela está pronta

Algumas crianças parecem ansiosas para usar o sanitário grande mas realmente não estão prontas. Se seu filho já consegue tirar e colocar a calça facilmente, está usando bem a cadeirinha e não teve muitos acidentes, provavelmente está pronto. Se ainda precisa praticar essas habilidades, dê-lhe um pouco mais de tempo antes de tentar o sanitário grande.

Conversem sobre o sanitário grande

Tenham uma conversa sobre o sanitário grande antes de a criança experimentar essa mudança. Isso ajudará a prepará-la psicologicamente. Falem de como, apesar de maior e diferente, o sanitário é semelhante à cadeirinha e porque gente grande gosta de usá-lo. Mostre-lhe tipos diferentes de sanitários quando estiverem passeando em shoppings, restaurantes etc.

Providencie uma escadinha

Compre uma escadinha de um ou dois degraus para ajudar a criança a alcançar o sanitário grande e a pia. Deixe que ela ajude na escolha. Depois decorem-na com adesivos ou escreva nela o nome da criança. Faça-a praticar subir e descer da escadinha enquanto se apóia no assento do sanitário.

Adaptador de assento

Você pode usar um adaptador de assento nas primeiras vezes em que a criança usar o sanitário grande para fazê-la se sentir mais segura. Algumas crianças preferem isso enquanto outras preferem usar o assento normal do sanitário. Deixe a criança escolher.

Prática

Estimule a criança a sentar-se no sanitário grande mesmo sem abaixar a calça apenas para que ela "sinta" como será. O sanitário grande provavelmente vai se tornar menos intimidante se ela tiver oportunidade de testá-lo sem qualquer pressão ou expectativa.

Deixe a criança experimentar

Quando você achar que a criança está pronta para tentar usar o sanitário grande diga-lhe que poderá usá-lo na próxima vez que precisar. Desencoraje esta tentativa se ela estiver apressada para que ela tenha tempo suficiente de se ajustar sem o perigo de um acidente.

A grande mudança

Logo a criança escolherá o sanitário grande em vez da cadeirinha, porque ele irá fazê-la se sentir crescida. Mantenha a cadeirinha à mão para as necessidades noturnas, as emergências ou regressões temporárias.

DICA RÁPIDA

Costumávamos sentar com nossa filha no banheiro quando ela estava aprendendo a usar o sanitário grande. O elogio foi de fato muito eficaz com ela; quando a levei comigo a uma loja de materiais de construção, ela passou o tempo todo querendo sentar-se nos sanitários que estavam em exposição.

— DAVID K.

Exemplo de diálogo para uma brincadeira

Durante uma brincadeira com a criança e seu boneco, você pode dizer: "Não é maravilhoso que o nenê esteja usando calças de gente grande e use fraldas apenas à noite? Ah... ele também aprendeu a andar de triciclo e a construir uma casinha com blocos. Uau! Ele está ficando crescido! Estamos muito orgulhosos de você, nenê!"

PERGUNTAS À DRA. KELLY

Pergunta: Fico muito frustrada quando visto cuequinhas em meu filho de dois anos e ele as suja parecendo me desafiar. Alguém me sugeriu fazê-lo lavar suas cuequinhas para aprender a lição. Essa é uma boa idéia?

Resposta: Não aconselho. Lavar roupa não é responsabilidade apropriada para uma criança de dois anos. Se seu filho parece não perceber quando está urinando ou defecando, ou parece ter esses "acidentes" apenas para desafiá-la, provavelmente não está pronto para o treinamento. Por outro lado, se ele parecer verdadeiramente interessado e mostrar os sinais de prontidão, você pode encorajá-lo a continuar apesar dos acidentes. Diga-lhe que está tudo bem, que não deu tempo dele chegar à cadeirinha mas você tem certeza de que ele irá conseguir na próxima vez. Minha preferência pessoal é nunca envolver a criança na limpeza das roupas ou da cama.

Pergunta: Minha filha de três anos tem um controle excelente sobre sua bexiga. Ela permanece seca durante a noite inteira. Mas quando precisa fazer cocô, freqüentemente se esconde em um armário ou atrás das cortinas. Reage como se tivesse vergonha de si mesma! Como lidar com isso?

Resposta: Esse comportamento de "se esconder" não é incomum durante o treino. Não compreendemos exatamente porque acontece, mas resta a certeza de que o estágio final do treinamento não está longe. Ouvimos histórias de crianças que pedem aos pais uma fralda e depois vão para uma área mais escondida para fazer cocô. Lide com isso com bom-humor e procure não culpar, envergonhar ou rir da criança. Isso passa.

Pergunta: A guerra está declarada em nossa casa! Minha esposa e eu compreendemos que nosso filho de dois anos está atravessando um estágio de independência, mas sua atitude desafiante é exaustiva! Ontem ele fez deliberadamente xixi e cocô nas suas "calças de gente grande" e depois cuspiu os feijões que o fizemos experimentar! Temos medo de levá-lo a qualquer lugar! Socorro!

Resposta: Eventualmente é preciso lembrar aos pais que eles não têm a capacidade de forçar os filhos a comer, a fazer xixi ou cocô ou dormir quando ordenam. As crianças têm muita consciência disso e, conseqüentemente, batalhas imensas surgirão se os pais forçarem muito. Tais batalhas não apenas são desagradáveis como improdutivas. No que se refere à alimentação, você deve colocar à disposição da criança alimentos nutritivos, em intervalos regulares e deixá-la escolher os tipos e quantidades que ela quer comer. Em relação ao uso do banheiro, deixe claro para a criança que ela aprenderá a usar o banheiro quando estiver pronta e interessada. Ao mesmo tempo, dê um passo atrás e evite confrontos desnecessários.

Pergunta: Minha filha de 28 meses fez a transição das fraldas para a cadeirinha muito tranqüilamente. Também já está bem treinada quanto ao período noturno, porém tivemos alguns dias muito corridos recentemente e percebi que ela estava fazendo xixi apenas duas ou três vezes ao dia! Algumas vezes ela só urina de manhã após várias horas. Estou preocupada por ela não estar esvaziando a bexiga freqüentemente. Isso é um problema?

Resposta: Se sua filha está comendo bem, tomando boa quantidade de líquidos e produzindo movimentos intestinais regulares, não há com o que se preocupar. Algumas crianças preferem esvaziar suas bexigas com menos freqüência.

CAPÍTULO 8

Resolva as Dificuldades

Embora o treinamento seja muito tranqüilo para a maioria das crianças, algumas têm problemas que retardam ou interferem no processo. Veremos a seguir algumas preocupações típicas do treinamento e como lidar com elas.

Permanecer seco

Se a criança tem algum problema em permanecer seca você precisa verificar mais freqüentemente e lembrá-la de usar a cadeirinha.

Luta de poder

Se a criança parece estar lutando com você pelo poder, peça a uma outra pessoa para dar o treinamento durante um tempo, tal como o parceiro, um dos avós ou a babá, ou faça uma pausa de algumas semanas.

Localização ruim

Se a criança não gosta do aposento onde a cadeirinha está colocada experimente mudá-la para outro local.

Motivação insuficiente

Se a criança não parece suficientemente motivada, tente aumentar as premiações pelos sucessos no uso da cadeirinha. Se estiver usando fraldas do tipo "tira-põe" a criança pode não sentir desconforto e portanto não tem motivação suficiente para permanecer seca. Experimente fazê-la usar as calças de treinamento para que ela possa sentir o desconforto de estar molhada ou suja e se motivar para evitar isso.

Resistência inflexível

Se a criança continua a resistir ao treinamento pode não estar ainda pronta. Pare durante um tempo e tente novamente quando ela se mostrar mais interessada. Não se zangue; isso causa uma tensão desnecessária e torna o treino mais difícil.

Personalidade difícil

Se a criança for incomumente difícil ou desafiante experimente dar-lhe escolhas. Por exemplo, você pode dizer-lhe: "Você quer usar a cadeirinha antes ou depois do almoço?" ou "Quer se sentar na cadeirinha ou no sanitário grande?" ou ainda "Você quer ir primeiro ou quer que a mamãe/papai vá primeiro?"

Contrariedade

Você pode também experimentar a psicologia reversa com a criança, dizendo o oposto do que normalmente diria. Por exemplo, em vez de dizer: "Quer usar a cadeirinha?", pode dizer: "Você não quer usar *esta* cadeirinha, quer?"

Hora inadequada

Se a criança parece distraída porque está acontecendo muita coisa na vida dela (alguma doença, férias familiares, mudança de casa, um novo bebê, divórcio recente etc.), faça uma parada durante um certo tempo.

Não beber líquidos o suficiente

Se a criança não usar muito freqüentemente o banheiro talvez seja interessante aumentar sua ingestão de líquidos, pelo menos durante o período de treinamento. Se, ao contrário, ela parece ir muito freqüentemente ao banheiro e acaba tendo acidentes, pode reduzir sua ingestão de líquidos. Mas antes converse com o médico.

Não querer sair da cama

Se a criança está relutante em usar a cadeirinha durante a noite porque tem que deixar a cama ou porque precisa deixar seu quarto, você pode colocar a cadeirinha bem ao lado da cama dela.

Babás e creches

Se você utiliza os serviços de uma babá ou uma creche diga-lhes que seu filho está em processo de treinamento para que eles possam fortalecer o treino. Diga-lhes também que técnicas está usando, o que quer que façam e como gostaria que lidassem com os acidentes e outros problemas. Pode lhes dar uma cópia deste livro ou fornecer-lhes os pontos-chave que gostaria que seguissem.

Infortúnios deliberados

Se a criança parece fazer xixi ou cocô fora do peniquinho, de propósito, não reaja excessivamente transformando o ocorrido em uma luta de poder. Apenas a ajude a trocar de roupa e limpe a sujeira, dando-lhe a atenção necessária.

Contendo os movimentos intestinais

Se a criança parece conter seus movimentos intestinais ofereça-lhe mais líquidos, uma dieta rica em fibras e algumas frutas. Enquanto a criança estiver na cadeirinha utilize algumas técnicas de relaxamento (página 81), leia um livro para ela ou escutem música. Consulte sempre o médico antes de dar laxantes ou outros remédios para a prisão de ventre.

Acidentes

Se a criança tiver acidentes freqüentes, especialmente no início, não dê importância exagerada. Acidentes são normais no processo de treinamento. Apenas troque a criança vestindo-lhe calças limpas de treinamento e prossiga. Não se esqueça de lhe fazer vários lembretes e de encorajá-la.

DICA RÁPIDA

Ouvi dizer que você NUNCA deve fazer a criança retornar às fraldas depois que ela já começou a usar as calças de treinamento. Segui este conselho e felizmente funcionou para os meus filhos. Porém, alguns pais disseram que com eles não tinha funcionado. Provavelmente é melhor esperar até que as coisas fiquem realmente ruins antes de voltar às fraldas.

— DANA M.

DICAS DE VIAGEM

Se você viaja muito com seu filho, ou se forem fazer uma viagem muito longa, deve se preparar para que o treinamento continue sem problemas.

Ir ao banheiro antes de partir

Faça a criança usar a cadeirinha antes de partirem, assim será pouco provável que ela queira ir ao banheiro no caminho.

Leve uma cadeirinha na viagem

Se acha que a criança vai precisar de um assento que lhe seja familiar leve a cadeirinha dela ou o seu adaptador de assento.

Faça pausas

Faça pausas freqüentes ao longo do caminho e pergunte à criança se ela quer ir ao banheiro. Toda vez que você visitar uma loja ou outro lugar que tenha banheiros, pergunte a ela se não está com vontade de ir lá.

Faça visitas a banheiros

Visite os banheiros onde quer que vá com a criança. Compare-os com outros que vocês já viram e conversem sobre as semelhanças e as diferenças. Muitas crianças acham os banheiros fascinantes.

Leve papel higiênico

Sempre que viajar leve papel higiênico ou lenços de papel adequados para que a criança possa se limpar quando o banheiro não possuir estes itens.

Leve roupa extra

Leve dentro do veículo calças, cuequinhas, sapatos e meias extra para o caso de acidentes.

Faça lá fora!

Se estiver em um lugar da estrada onde não haja um banheiro disponível e não tiver levado a cadeirinha, mostre à criança como urinar fora do carro, em um lugar seguro. Isso é algo que você não vai querer encorajar, mas pode se tornar uma espécie de diversão!

DICA RÁPIDA

Meu amigo era um jovem pai recentemente divorciado, que tinha a custódia de seu filho de dois anos. Com dezenove anos ele não estava muito ajustado aos ritmos corporais da criança, mas sentia que o garoto podia estar mostrando sinais de prontidão para o uso do banheiro. Assim, comprou um falso assento que se apoiava na borda do vaso sanitário e que tinha a forma de um pato gigante com cabeça amarela, um bico sorridente e olhos verdes enormes. Nos primeiros dias o treinamento correu bem, mas certa noite, quando ele disse a seu filho: "É hora de ir sentar no pato!" o garoto congelou, seu rosto ficou pálido e ele gritou "Nãããooo!". Por alguma razão, o pato que, inicialmente, parecia amigável, transformou-se num monstro grotesco. Assim, eles se livraram dele. O menino logo se ajustou ao sanitário grande e tudo correu bem.

— TRACY O.

AJUDE A CRIANÇA A PERMANECER SECA DURANTE TODA A NOITE

Uma vez que a criança permaneça seca durante todo o dia, chegou o momento de ver se ela está pronta para permanecer seca durante a noite toda. Isso geralmente leva mais tempo, mas algumas crianças aprendem rapidamente depois que ficaram completamente treinadas para o período diurno.

Molhar a cama atinge, em geral, 10 a 20% das crianças com cinco anos, e 5 a 10% das com dez anos. Esta é uma característica hereditária e é mais comum nos meninos, embora também afete as meninas. Pode ser causada por um amadurecimento lento, problemas físicos, medos, sono profundo, estresse, alergias, doenças, bexiga pequena, deficiências hormonais e uma insensibilidade aos sinais do corpo. Verifique com o médico se a criança tem algum problema físico ou psicológico que a impeça de permanecer seca. Se você acha que a criança está pronta para começar este treinamento noturno, eis algumas sugestões que ajudarão a prepará-la para o sucesso:

Prepare a cama

Proteja o colchão revestindo-o com um forro à prova de água. Você pode também forrar o colchão com um plástico sob o lençol naquela área da cama em que a criança costuma dormir, assim não precisará lavar o forro todas as vezes que a criança molhar a cama.

Compre calças de tecido mais grosso

Se a criança quiser usar calças de treinamento em vez de fraldas "tira-põe", compre aquelas mais grossas e mais absorventes.

Reduza a ingestão de líquidos

Experimente reduzir a ingestão de líquidos algumas horas antes da criança dormir. Se ela insistir em beber água pouco antes de ir para a cama, dê-lhe uma quantidade menor apenas para satisfazer sua sede.

Faça uma última visita

Exatamente antes da criança dormir, leve-a ao banheiro.

Acorde-a no meio da noite

Você pode também acordar suavemente a criança durante a noite para levá-la ao banheiro, de preferência quando você acorda para fazer a mesma coisa. Isso funciona para alguns pais e filhos mas não para todos.

Primeira coisa pela manhã

Experimente criar na criança o hábito de ir ao banheiro logo ao acordar. Se ela é daquelas que não se levantam cedo e ainda molham a cama, ajude-a a ir ao banheiro bem cedinho e depois deixe-a voltar a dormir.

Elogie

Quando a criança consegue permanecer seca durante toda a noite, elogie-a muito. Se ela molhar a cama, diga-lhe que não tem problema e que ela poderá tentar novamente na noite seguinte.

DICA RÁPIDA

Esperei até meus filhos começarem a acordar secos pela manhã antes de fazê-los usar, durante a noite, as calças de treinamento. Quando eles conseguiram passar uma semana sem qualquer acidente noturno, retirei as calças de treinamento para sempre.

— Kathleen F.

SE A CRIANÇA MOLHAR A CAMA

Não dê demasiada importância ao fato. Mantenha intacta a auto-estima da criança sem piadas, rótulos ou punições. Evite falar sobre isso o tempo todo. Não a compare com outras crianças e não fique irritada ou desapontada. Molhar a cama é muito comum embora não se fale muito sobre isso. A seguir, veja alguns dos motivos que levam seu filho de quatro ou cinco anos a continuar molhando a cama:

Amadurecimento tardio

Algumas crianças são mais lentas do que outras. O relógio biológico de uma pode despertar em horas diferentes das outras crianças. Seja paciente.

Insensibilidade

Algumas crianças não sentem a urgência de ir ao banheiro talvez devido a um desenvolvimento mais lento do sistema nervoso central. A sensibilidade aumenta com o amadurecimento.

Sono profundo

Algumas crianças dormem tão profundamente que não conseguem acordar para ir ao banheiro. Às vezes sonham que estão usando o sanitário, o que as leva a urinar na cama. Essa é uma situação passageira, mas elas precisam fazer visitas ao banheiro durante a noite para ajudá-las a superar o problema.

Predisposição genética

Algumas crianças molham a cama devido a uma predisposição hereditária. Se um dos pais molhava a cama quando era criança, as chances de que isso ocorra com seus próprios filhos também é alta. Ao lidar com a situação seja muito empático, e tenha em mente como se sentia quando isso acontecia com você.

Quantidade de urina

Algumas crianças produzem uma quantidade excessiva de urina durante a noite e podem precisar de medicação para ajudá-las a controlar a produção.

Tensão excessiva

Crianças que atravessam algum acontecimento estressante como o divórcio dos pais, a chegada de um novo bebê, mudança de creche, de casa etc., podem molhar a cama. Quando a tensão acaba, em geral desaparece também o problema.

DORMIR FORA DE CASA

Outras crianças molham a cama ao dormir em ambientes que não lhes são familiares, mesmo que em casa consigam permanecer secas durante toda a noite. Converse com a criança sobre a viagem que vão fazer ou sobre dormir fora de casa e diga-lhe que você vai ajeitar tudo de modo a não embaraçá-la em caso de acidente.

Alerta aos pais que vão viajar para casa de alguém

Telefone anteriormente para os donos da casa para onde vocês irão e diga-lhes que seu filho ainda está sendo treinado; tome as precauções necessárias e leve sempre com você um forro de colchão à prova de água. Peça-lhes para serem discretos a respeito disso se seu filho tiver algum acidente.

Use calças de treinamento grossas ou fraldas "tira-põe"

Dê à criança toda a proteção que ela precisa. Se ela se recusar a usar uma fralda "tira-põe", vista-a com uma calça bem grossa. Leve roupa extra para o caso de um acidente.

Tenham uma conversa

Converse com a criança sobre as opções. Pergunte-lhe se ela gostaria de levar a sua cadeirinha, adaptador de assento ou qualquer outro equipamento. Conversem sobre o uso de um banheiro estranho, e que ajuda ela gostaria de ter, se precisasse.

DICA RÁPIDA

Minha maior batalha no treinamento foi fazer minha filha usar o banheiro quando ela realmente não queria, como, por exemplo, antes de uma viagem, de uma soneca ou antes de dormir. Estes momentos sempre terminavam em briga. Um dia disse a ela que o xixi era um covarde. Que ele se escondia e, quando não havia um banheiro por perto, ele aparecia. Disse-lhe que se ela não o pegasse antes da hora, ele iria aparecer e causar um acidente. Depois disso, sempre que estávamos prontos para sair ou para dormir, pegávamos a cadeirinha e dizíamos que aquele xixi TINHA DE APARECER! Funcionou como uma magia!

— Kelly S.

QUANDO CONVERSAR COM O MÉDICO

Se você está pensando que o fato de seu filho molhar a cama talvez seja um problema médico e/ou se seu filho tem mais de seis anos, poderá consultá-lo. A medicação é fácil de usar. Mas pode ter efeitos colaterais e a criança apresentar uma recaída após a interrupção do uso.

A seguir apresentamos algumas outras razões para você conversar com o médico sobre o comportamento de seu filho:

- quando ele não apresentou movimentos intestinais por três dias
- quando ele fica sem urinar por doze horas ou vai ao banheiro de maneira inconstante (a cada quatro horas), com baixa produção de urina
- quando ele urina muito freqüentemente (a cada meia hora)
- quando ele faz muito esforço para urinar ou defecar
- quando ele tem dores ao usar o banheiro
- quando ele usa o banheiro, mas também molha as roupas freqüentemente
- quando ele já passou dos quatro anos e ainda não está treinado
- quando você suspeita de que alguma coisa está errada com a capacidade dele para o treinamento.

DICA RÁPIDA

Minha filha tinha acabado de fazer três anos e já estava basicamente treinada, exceto pelas fraldas "tira-põe" noturnas. Conversei sobre esta situação com uma amiga, que também era mãe e passava pela mesma experiência, e decidimos que enquanto durasse o treino diurno não iríamos nos estressar com o treino noturno. Tínhamos certeza de que nossos filhos finalmente iriam descobrir que as fraldas "tira-põe" não eram legais.

— Kelly S.

A LINHA BÁSICA

Lembre-se de manter em mente os seguintes pontos básicos durante todo o processo de treinamento:

Não force

Encoraje a criança, mas não a force.

Não espere muito da primeira vez

Como qualquer aprendizado, o treinamento leva tempo.

Não deixe que o assunto se torne uma questão de poder

Trabalhem como uma equipe, não como oponentes.

Permaneça positivo

Este pode ser um período excitante para vocês dois. Aproveite!

Torne-o divertido

O treinamento não tem de ser um fardo.

Lembre-se de que a criança estará treinada um dia!

Focalize o quadro maior.

DICA RÁPIDA

Colocamos uma cadeirinha no banheiro por umas duas semanas, de modo que nossa filha pudesse vê-la e a usasse simplesmente porque estava ali, sem se sentir pressionada. Conversamos com ela a respeito de seu uso, comparamos com o sanitário grande e dissemos que a cadeirinha era só dela. Também dissemos que, quando ela estivesse pronta, aprenderia como usá-la. Na primeira vez que tentou ela claramente não gostou da idéia. Assim, paramos por umas duas semanas. Quando tentou, novamente foi um grande sucesso. Acho que as crianças precisam se acostumar às coisas novas sem se sentir pressionadas a aceitá-las. Uma atitude positiva é a chave para o sucesso. Se os pais encararem o assunto sem estresse, para as crianças também será assim.

— Gay C.

Brincadeira de boneca(o) ou bichinho

Algumas crianças ficam particularmente sensíveis durante o treinamento, especialmente em relação às falhas de sua parte. Isso pode acontecer apesar dos esforços dos pais em manter o clima tranqüilo. Uma brincadeira de boneco ou ursinho permite que a criança expresse suas frustrações e dá aos pais a oportunidade de transmitir uma segurança adicional. Quando usa um boneco você acaba dando uma ajuda indireta (mas muito necessária).

Exemplo de diálogo para a brincadeira

Ao brincar com a criança você poderá dizer: "Oh, meu Deus! acho que (diga o nome do boneco ou do ursinho, se eles tiverem) ele ficou tão ocupado preparando a festinha para seus amigos que esqueceu de ir ao banheiro. Parece que ele se molhou! Mas está tudo bem. Podemos ajudá-lo a trocar de roupa. Aposto que na próxima vez ele vai tentar se lembrar de ir ao banheiro antes que seja tarde!" Ou ainda: "Por alguma razão o boneco / ursinho parece não querer ir fazer cocô na cadeirinha, apenas xixi! Você viu que ele se escondeu naquele cantinho na última vez que fez cocô? Vamos perguntar-lhe quando ele acha que estará pronto para fazer cocô na cadeirinha. E vamos lhe dizer como ficamos contentes, porque ele vai se sentir muito bem ao ficar com suas calças limpinhas, depois de fazer cocô na cadeirinha!"

Se forem viajar, a brincadeira pode ajudar a criança a aprender a usar novos sanitários. Você pode dizer: "Vamos dizer ao boneco / ursinho que faremos paradas durante o caminho, para ele poder ir ao banheiro. Você acha que ele vai gostar de usar sanitários diferentes?"

A brincadeira também pode ser usada para promover o treino noturno. Você pode dizer: "Vamos colocar o boneco / ursinho para dormir e lembrá-lo de que deve pensar em acordar seco. Por que não o colocamos na cama para dormir sem a fralda?

PERGUNTAS À DRA. KELLY

Pergunta: Eu e minha mulher gostamos da idéia de premiar as idas bem sucedidas ao banheiro e nossa filha de dois anos adora os presentinhos que recebe sempre que faz xixi ou cocô na cadeirinha. Porém, agora ela está fazendo pequenas quantidades de cada vez e portanto vai mais vezes, e ganha mais prêmios. Estamos preocupados com o fato de que ela pode estar se prejudicando por não evacuar plenamente. O que devemos fazer?

Resposta: Antes de tudo, fiquem orgulhosos! Ela descobriu como aumentar a premiação aumentando o número de vezes em que usa a cadeirinha para fazer cocô. Mas ela também pode descobrir — por si mesma e rapidamente — que se sente muito melhor ao evacuar completamente. Se ela persistir em fazer apenas pequenas quantidades, ajustem o sistema de premiação. Passem a premiá-la apenas quando fizer uma quantidade razoável. Se ela tentar, mas só conseguir um pouco de cada vez, conversem com o médico a respeito da possibilidade dela ter prisão de ventre.

Pergunta: Nossa filha de quatro anos vem sendo treinada desde os dois anos e meio e hoje permanece seca muitas noites. Gostaria de poder retirar as fraldas da noite mas estou relutante quanto a lavar lençóis todos os dias. Há alguma coisa que possamos fazer para ajudá-la a se manter constantemente seca durante a noite?

Resposta: Uma vez que sua filha acorda seca na maioria das manhãs, o reforço positivo pode ajudar. Deixe-a colocar uma estrela ou um adesivo no calendário sempre que acordar seca. É melhor tirar a fralda noturna só quando ela acordar seca na maioria das manhãs. Quando isso acontecer converse com ela antes de dormir sobre como é bom acordar com a fralda seca. O poder do pensamento positivo pode ser tudo o que ela precisa.

Pergunta: Minha sobrinha ficou muito orgulhosa com o seu treinamento para usar o banheiro. Porém, quando fomos recentemente a um shopping ela repentinamente apertou a área genital, fez uma "dancinha" para lá e para cá e começou a chorar dizendo que seu xixi estava doendo. Corri com ela até o banheiro, onde urinou apenas uma quantidade mínima. Ela pareceu se sentir muito desconfortável, mas não tinha febre. O que aconteceu?

Resposta: Estes sintomas indicam uma possível infecção no trato urinário. Nem sempre há febre. Sua sobrinha precisa ser examinada e pode ser necessário fazer um exame de urina. Este exame pode dar indicações da infecção. Se as condições parecerem muito suspeitas pode ser necessário fazer alguma antes mesmo de se obter o resultado do exame. Fazê-la sentar-se numa banheira com água morna ajuda a diminuir a dor. Você pode também arranjar um pulverizador e pulverizar água em temperatura ambiente na região genital enquanto ela está urinando para reduzir a sensação de queimação.

Pergunta: Nosso filho foi facilmente treinado — tanto durante o dia quanto à noite — uma semana após completar dois anos. Porém, aos três anos e meio ele repentinamente começou a molhar a cama à noite. Como ele come e bebe muito líquido durante o dia, vai de hora em hora ao banheiro. Tentei limitar a ingestão de líquidos mas ele é insaciável. O que posso fazer?

Resposta: Em primeiro lugar você deve permitir que seu filho mate a sede. Ele pode estar passando por algum estágio, mas fico preocupada com o fato de que ele apresenta todos os sintomas de diabetes juvenil. Se ele estiver perdendo peso, apesar de comer muito, deve ser examinado imediatamente e fazer um exame para verificar o nível de açúcar na urina e no sangue. Embora esta condição seja incomum, é importante diagnosticá-la o mais cedo possível para evitar uma condição mais séria e ameaçadora se for detectada muito tarde.

Pergunta: Nosso filho tem agora cinco anos e sua fralda fica saturada de urina todas as manhãs. Tentamos restringir a ingestão de líquidos após o jantar e o levamos ao banheiro quando vamos dormir, às onze da noite, mas nada parece funcionar. Será que nunca vou conseguir treiná-lo à noite?

Resposta: Sim, em algum momento ele será treinado. Cerca de 20% das crianças com cinco anos molham a cama à noite. A cada ano depois dessa idade, cerca de 15% ultrapassam o problema. Menos de um por cento de adultos continuam a ter problemas desse tipo. Muitos são daquele tipo de pessoa que dorme profundamente e outros provêm de famílias com histórico desse tipo de problema. Até que seu filho tenha seis ou sete anos eu não interferiria. Porém, se ele está começando a ser convidado para dormir na casa de seus amiguinhos ou se quer ir para acampamentos de verão, talvez seja bom conversar com o médico. Há vários tipos de intervenção. No entanto, tempo e paciência são geralmente tudo o que é necessário.

APÊNDICE

Listas de Verificação

Para tornar mais fácil o treinamento apresentamos alguns itens que você pode colar na parede do banheiro, na cozinha ou onde quer que seja necessária uma consulta rápida aos passos básicos.

Sinais físicos de prontidão

- ☐ Hábitos de eliminação cada vez mais regulares e previsíveis
- ☐ Permanecer seco por longos períodos de tempo
- ☐ Conseguir sentar-se confortavelmente na cadeirinha
- ☐ Conseguir usar a escadinha para subir ou descer do sanitário de adulto
- ☐ Conseguir subir e descer as calças

Sinais cognitivos de prontidão

- ☐ Ter consciência de que está molhado ou sujo, ou perto de fazer xixi ou cocô
- ☐ Apresentar períodos mais longos de atenção (vários minutos de cada vez)
- ☐ Conseguir seguir orientações simples
- ☐ Conseguir usar a linguagem ou gestos para se comunicar

- ❑ Compreender a terminologia do uso do banheiro e conseguir identificar partes relevantes do corpo
- ❑ Não gostar de ficar molhado ou sujo

Sinais psico-sociais-emocionais de prontidão

- ❑ Saber que é uma pessoa
- ❑ Ter curiosidade sobre o banheiro
- ❑ Imitar alguém usando o banheiro
- ❑ Estar emocionalmente pronto (sem nenhum grande estresse em sua vida)
- ❑ Apreciar elogios
- ❑ Estar ansioso para ser "gente grande"
- ❑ Conseguir se engajar em uma brincadeira de boneco ou bichinho

Cadeirinha-penico/Adaptador de assento

- ❑ Firme
- ❑ Segura(o)
- ❑ Confortável
- ❑ Portátil
- ❑ Leve
- ❑ Fácil de limpar
- ❑ Fácil de ser usada(o) pela criança

Roupa de treinamento

- ❑ Calças de treinamento
- ❑ Fraldas "tira-põe" (opcional)
- ❑ Fáceis de vestir e despir
- ❑ Cuequinhas / calcinhas
- ❑ Andar nú (opcional)

Acessórios

- ❑ Boneco (de preferência um "nenê" daqueles que faz xixi)
- ❑ Itens de decoração para a cadeirinha
- ❑ Papel higiênico
- ❑ Lenços higiênicos
- ❑ Papel-toalha para limpeza
- ❑ "Alvos" de papel
- ❑ Corante de alimentos
- ❑ Itens de diversão (música, livros, brinquedos)
- ❑ Prêmios (adesivos, estrelinhas, doces, pequenos brinquedos)

Preparando o palco

- ❑ Converse sobre o processo
- ❑ Estabeleça suas expectativas
- ❑ Discuta os benefícios
- ❑ Escolha seu vocabulário
- ❑ Mostre à criança o propósito
- ❑ Prometa trabalhar junto com ela
- ❑ Leiam livros e assistam vídeos juntos
- ❑ Seja o modelo
- ❑ Observe os padrões de eliminação da criança
- ❑ Planeje o início do treino
- ❑ Escolha uma boa hora
- ❑ Ensaie o processo
- ❑ Escolha um boneco
- ❑ Ofereça reforço positivo

Hora de começar

- ❑ Escolha um dia propício (livre de outros compromissos)
- ❑ Vista roupa de transição na criança
- ❑ Motive a criança
- ❑ Verifique constantemente a presença de sinais de prontidão

- ❑ Use os lembretes
- ❑ Façam visitas freqüentes ao banheiro
- ❑ Espere acidentes e lide calmamente com eles
- ❑ Façam tudo juntos
- ❑ Use o boneco
- ❑ Elogie o progresso

Processo passo-a-passo

- ❑ Perguntar à criança se ela quer fazer xixi ou cocô
- ❑ Ir com ela ao banheiro
- ❑ Abaixar as calças e a cuequinha / calcinha
- ❑ Sentar cuidadosamente na cadeirinha / sanitário
- ❑ Oferecer algum entretenimento (livros, músicas, conversas)
- ❑ Depois da eliminação, elogiar a criança
- ❑ Medir o papel higiênico
- ❑ Limpar corretamente (da frente para trás)
- ❑ Levantar da cadeirinha / sanitário
- ❑ Subir cuequinha / calcinha e as calças
- ❑ Dar a descarga ou esvaziar o peniquinho no sanitário e dar a descarga
- ❑ Lavar as mãos
- ❑ Elogiar mais e premiar

Manter o curso

- ❑ Continuar com os lembretes
- ❑ Continuar com os elogios e a premiação
- ❑ Tornar o processo divertido
- ❑ Esperar acidentes

Resolver as dificuldades

- ❑ Verificar freqüentemente se a criança está seca
- ❑ Mudar periodicamente as calças de treinamento

- ❑ Mudar os locais
- ❑ Aumentar a premiação
- ❑ Controlar a ingestão de líquidos
- ❑ Não exagerar os acidentes
- ❑ Permanecer positivo
- ❑ Adiar o processo, se necessário, e tentar novamente depois
- ❑ Ter em mente que a criança vai ser treinada algum dia!

Permanecer seca durante a noite

- ❑ Preparar a cama
- ❑ Usar calças mais grossas
- ❑ Controlar a ingestão de líquidos
- ❑ Ir ao banheiro antes de dormir
- ❑ Usar a cadeirinha durante a noite
- ❑ Ir ao banheiro logo ao acordar pela manhã
- ❑ Elogiar o sucesso
- ❑ Evitar a crítica
- ❑ Conversar com o médico se houver alguma preocupação
- ❑ Lembrar que o treino noturno leva mais tempo

Sites da Internet que podem ajudar

www.babiesonline.com
www.childfun.com
www.dadmag.com
www.earlychildhood.com
www.family.go.com
www.iparenting.com
www.drspock.com
www.families-first.org
www.healthyplace.com
www.ivillage.com
www.parentcenter.com
www.keepkidshealthy.com
www.parentsplace.com
www.positiveparenting.com
www.theparentingcenter.org
www.babytalk.org
www.childhoodresources.com
www.parentingme.com
www.parentsoup.com
www.parentstages.com
www.pottytrainingsolutions.com
www.toddlerstoday.com

Bibliografia

1. *Infant Care,* United States Children's Bureau, 1935.
2. T. McAuliffe, *First of a Kind Study Leads to Better Understanding of "Toilet Training Process"*, apresentado no Encontro Annual da Sociedade Acadêmica Pediátrica por Timothy R. Schum. M.D., Medical College of Wisconsin, 1999.
3. N. Blum, B. Taubman & M. Osborne, *Pediatrics,* 99:54-8, 1997.
4. A. Thomas & S. Chess, *Temperament and Developmen: New York Longitudinal Study,* Nova Iorque: Brunner/Mazel, 1984.

Índice

C

D

E

F

H

I

R

Leia da Editora Ground

www.ground.com.br

125 BRINCADEIRAS
para estimular o cérebro do seu bebê
Jackie Silberg

Este livro apresenta oportunidades oferecidas pelo cotidiano para estimular o desenvolvimento cerebral durante o período que vai do nascimento aos 12 meses. Toda brincadeira tem informações sobre a última palavra em pesquisa cerebral e uma discussão sobre a forma como a atividade em pauta promove a capacidade cerebral.

125 BRINCADEIRAS
para estimular o cérebro da criança de 1 a 3 anos
Jackie Silberg

Pesquisas recentes confirmam que a capacidade de alguém aprender e florescer numa grande variedade de ambientes depende da interação entre a sua herança genética e a educação (o tipo de cuidados, estímulos e ensinamentos que recebe). As atividades e brincadeiras deste livro ajudam nessa finalidade.

SHANTALA
(Massagem para Bebês)
Frédérick Leboyer

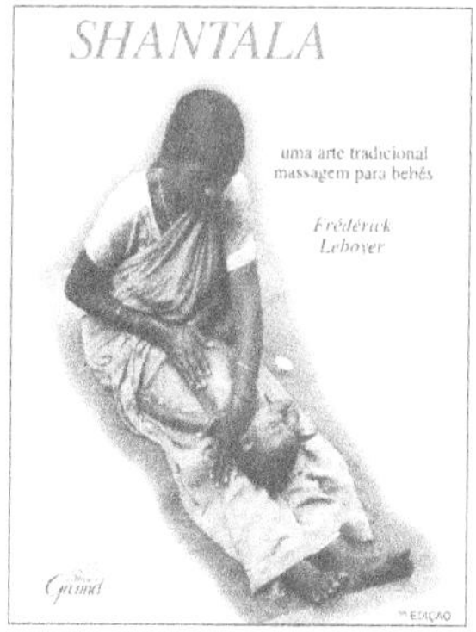

Este livro apresenta a antiga arte de *massagem em bebês* descrita por Frédérick Leboyer, médico francês de renome internacional, que fotografou a seqüência completa de uma técnica milenar empregada por uma jovem mãe paralítica que massageava tranqüilamente o seu bebê numa rua da Índia.

BRINCANDO COM O YOGA
Elisabetta Furlan

Neste livro, as técnicas do Yoga são apresentadas à criança de forma agradável e divertida, por meio de ilustrações repletas de senso de humor. As práticas inerentes ao controle e ao desenvolvimento do corpo podem parecer bastante divertidas quando a criança vê o simbolismo ilustrado.